Książka pt. „Jak rozwinąć poczucie własnej wartości" napisana jest na podstawie wykładu wygłoszonego przez Andrzeja Moszczyńskiego.

Andrzej Moszczyński jest autorem 23 książek, 34 wykładów oraz 3 kursów. Pasjonuje go zdobywanie wiedzy z obszaru psychologii osobowości i psychologii pozytywnej.

Ponad 700 razy wystąpił jako prelegent podczas seminariów, konferencji czy kongresów mających charakter społeczny i charytatywny.

Regularnie się dokształca i korzysta ze szkoleń takich organizacji edukacyjnych jak: Harvard Business Review, Ernst & Young, Gallup Institute, PwC.

Jego zainteresowania obejmują następujące tematy: potencjał człowieka, poczucie własnej wartości, szczęście, kluczowe cechy osobowości, w tym między innymi odwaga, wytrwałość, wnikliwość, entuzjazm, wiara w siebie, realizm. Obszar jego zainteresowań stanowią również umiejętności wspierające bycie zadowolonym człowiekiem, między innymi: uczenie się, wyznaczanie celów, planowanie, asertywność, podejmowanie decyzji, inicjatywa, priorytety. Zajmuje się też czynnikami wpływającymi na dobre relacje między ludźmi (należą do nich np. miłość, motywacja, pozytywna postawa, wewnętrzny spokój, zaufanie, mądrość).

Od ponad 30 lat jest przedsiębiorcą. W latach dziewięćdziesiątych był przez dziesięć lat prezesem spółki działającej w branży reklamowej i obejmującej zasięgiem cały kraj. Od 2005 r. do 2015 r. był prezesem spółki inwestycyjnej, która komercjalizowała biurowce, hotele, osiedla mieszkaniowe, galerie handlowe.

W latach 2009-2018 był akcjonariuszem strategicznym oraz przewodniczącym rady nadzorczej fabryki urządzeń okrętowych Expom SA. W 2014 r. utworzył w USA spółkę wydawniczą. Od 2019 r. skupia się przede wszystkim na jej rozwoju.

www.andrewmoszczynski.com

Każdy z nas jest niepowtarzalny i wyjątkowy. Wszyscy rodzimy się z naturalną ciekawością świata, pragnieniem odkrywania, poznawania i tworzenia. Jak to się dzieje, że ta wyjątkowość, kreatywność, radość i swoboda ekspresji zatracają się gdzieś podczas dorastania i przypadającej na ten czas edukacji szkolnej? Czy powszechne systemy edukacji oparte na oświeceniowym przekonaniu, że wszyscy przychodzimy na świat jako „czysta tablica", którą można dowolnie zapisać, wspierają nasz rozwój i rozwijają nasze zdolności, czy jest wręcz przeciwnie? Czy szkoła, próbująca nas ukształtować według narzuconego przez system modelu i starająca się nas wpasować w ramy społecznych oczekiwań, na pewno jest warunkiem odniesienia sukcesu i spełnionego życia? Nie potwierdzają tego przykłady ludzi, którzy zdołali się wyłamać z tego systemu i pójść własną drogą. To samoucy – ci, którzy mimo braku formalnego, systemowego wykształcenia odnoszą sukcesy w przeróżnych dziedzinach i branżach, tworząc, wynajdując, unowocześniając, a często wręcz rewolucjonizując życie swoje i współczesnych im ludzi, czyniąc je lepszym i łatwiejszym.

Książka Sukcesy samouków – Królowie wielkiego biznesu, zawiera pięćdziesiąt biogramów nieprzeciętnych ludzi – przedsiębiorców samouków, którzy często wbrew ciężkim warunkom, biedzie i brakowi szkolnej edukacji odnieśli w życiu wielkie sukcesy, w sposób zasadniczy wpływając na świat, jaki znamy. Niech będą one dla Ciebie dowodem na to, że spełnione życie i sukces zależą przede wszystkim od pracy i samodzielnego rozwoju, a nie od formalnego wykształcenia.

Szczegóły dostępne na stronie: www.andrewmoszczynski.com

Jak rozwinąć poczucie własnej **wartości**

Zespół autorski:
Andrew Moszczynski Institute LLC

Redaktor prowadzący:
Alicja Kaszyńska

Zastępca redaktora prowadzącego:
Dorota Śrutowska

Redakcja:
Ewa Ossowska, Anna Skrobiszewska

Korekta:
Dorota Śrutowska

Konsultacja merytoryczna:
dr. Zofia Migus

Projekt graficzny:
Sowa Druk

ISBN: 978-83-65873-55-2

Wszelkie prawa zastrzeżone

Copyright © Andrew Moszczynski Institute LLC 2020

Andrew Moszczynski Institute LLC
1521 Concord Pike STE 303
Wilmington, DE 19803, USA
www.andrewmoszczynski.com

Licencja na Polskę:
Andrew Moszczynski Group sp. z.o.o.
ul. Grunwaldzka 472, 80-309 Gdańsk
www.andrewmoszczynskigroup.com

Licencję wyłączną na Polskę ma Andrew Moszczynski Group sp. z.o.o.
Objęta jest nią cała działalność wydawnicza i szkoleniowa Andrew
Moszczynski Institute. Bez pisemnego zezwolenia Andrew Moszczynski
Group sp. z.o.o. zabrania się kopiowania i rozpowszechniania w jakiejkolwiek
formie tekstów, elementów graficznych,
materiałów szkoleniowych oraz autorskich pomysłów sygnowanych znakiem
firmowym AMI.

REKOMENDACJE

Krystyna Czubówna

Lubię ludzi, lubię robić coś co przyniesie im pożytek. Stąd też po zapoznaniu się z wykładami przyjęłam propozycję uczestniczenia w powstaniu ich wersji audio. Wiem, że taki sposób przekazu jest bardzo ważny dla ludzi mających kłopoty ze wzrokiem albo będących w ciągłym niedoczasie i wykorzystującym na przyswajanie nowej wiedzy godziny spędzane w samochodzie, pociągu czy autobusie.

Muszę przyznać, że *byłam pod wrażeniem inspirującej mocy wykładów*. Zastanawiałam się, skąd się ona bierze. Doszłam do wniosku, że poza inspirującą treścią jest coś jeszcze. Wyczuwalny w stylu pisania *szacunek do odbiorców wykładów i zrozumienie dla ich różnorodnych postaw, poglądów i przekonań*. A także *obrazowość idei* oraz *precyzja w doborze przykładów, pytań do osobistych przemyśleń i cytatów trafiających w sedno.*

Wykłady pokazują możliwe drogi, jednak nie wpychają na siłę na żadną z nich. *Zachęcają odbiorcę do samodzielnego szukania w sobie, tego*

co dobre, szlachetne, wartościowe. Do podejmowania prób zmiany swego życia na lepsze jakościowo poprzez szlifowanie osobowości, czy – jak powiedzieliby twórcy – strojenie osobowości.

Myślę, każdy z nas ma w sobie potencjał do wykorzystania. Że każdy może wieść dobre i satysfakcjonujące życie. Ja miałam szczęście, bo w moim życiu zadziałał przypadek. Przypadkiem trafiłam na rok do pracy w Komitecie Radia i Telewizji. Przypadkiem ktoś mnie tam usłyszał i wysłał na próbę mikrofonową. Dzięki temu odkryłam, że moim potencjałem jest głos, i znalazłam pracę, która mnie fascynuje do dziś. A gdyby tak się nie stało? Czy potrafiłabym świadomie szukać swojego przeznaczenia? Myślę, że bez odpowiedniego przewodnika byłoby to trudne. Dla Państwa takim przewodnikiem może być ta kolekcja wykładów. Serdecznie ją Państwu polecam.

Adam Ferency

Zbyt rzadko zastanawiamy się, jak ma wyglądać nasze życie. Każdy z nas chciałby być szczęśliwy, ale jest to najczęściej tylko jakieś mgliste wyobrażenie tego stanu. Rodzaj czekania na cud. Uświadomiłem sobie, że takie cuda zdarzają się rzadko, i właściwie tylko tym, którzy idąc za swoimi marzeniamim, intuicyjnie określą życiowe cele, a potem z uporem dążą do ich realizacji. Niestety, tego typu intuicja jest dana tylko nielicznym.

Większość z nas potrzebuje wsparcia, by iść do przodu. Takim wsparciem mogą być wykłady, w których nagraniu uczestniczyłem. Nie dają one gotowych recept, zgodnie zresztą z misją wydawcy – zawartą w słowach: Nie pouczamy, inspirujemy. To mi się podoba, bo specjalistów od „jedynie słusznych dróg" mamy już zbyt wielu. Podoba mi się także przewijająca się we wszystkich wykładach zachęta do zobaczenia w sobie wartościowego człowieka, który w każdym momencie może rozpocząć korzystne zmiany w swoim życiu, jeśli tylko naprawdę będzie tego chciał.

Zgadzam się z twórcami wykładów, że warto uwierzyć w swoje możliwości, dostrzec w sobie potencjał, na którym można zacząć budować „nowe" życie oparte na mądrym poczuciu własnej wartości. *W każdym z wykładów znalazłem przydatne narzędzia służące doskonaleniu osobowości.* Niektóre są unikatowe. Warto skorzystać choćby z tych, które pomagają określić cechy charakteru, typ inteligencji oraz mocne i słabe strony oraz pozwalają uzmysłowić sobie wartości nadrzędne, by uczynić z nich rzeczywisty drogowskaz kierujący w stronę realizacji marzeń i życiowej satysfakcji.

dr Zofia Migus

Patrząc na kolekcję wykładów przygotowaną przez Instytut i znając już ciekawą tematykę całości, zwróciłam uwagę na dwa aspekty. Przede wszystkim unikatowa forma przekazu treści. Większości z nas wyraz wykład kojarzy się ze statycznym, jednostronnym przekazem informacji. Uczeń, student, słuchacz siedział, a nauczyciel przekazywał treści dydaktyczne bardziej lub mniej interesująco. Jednak twórcy kolekcji odeszli od tego schematu. Wykłady zostały skonstruowane w inny sposób, dużo bardziej nowoczesny, chociaż nawiązujący do sokratejskich metod nauczania. Każdy z nich zawiera wiele pytań skierowanych do słuchacza, aby mógł już podczas czytania zatrzymać się i przemyśleć usłyszane treści. Wsparciem tego procesu są unikatowe ćwiczenia, które inspirują do formułowania własnych sądów i do tworzenia własnego punktu widzenia. To ogromna pomoc, a jednocześnie spełnienie zasady stosowania praktycznego działania w procesie poznawczym.

Drugi aspekt to przydatność publikacji. Moją uwagę zwróciło połączenie różnych kręgów odbiorców, zwłaszcza odbiorcy indywidualnego (w różnym wieku) z biznesowym. Autorzy wykładów wychodzą bowiem z nadzwyczaj słusznego, niestety nie zawsze docenianego założenia, że *na sukces firmy w głównej mierze składa się powodzenie każdego pojedynczego człowieka, który w niej pracuje*. Niezależnie od tego, jakie stanowisko zajmuje. W związku z tym dbałość o samopoczucie pracownika i jego życiową satysfakcję powinna stać się ważnym zadaniem dla zarządów firm i gremiów kierowniczych. Wykłady, które podejmują wiele ważkich tematów z dziedziny rozwoju osobistego mogą stać się istotną pomocą w realizacji tego zadania. Tym samym mogą przyczynić się do *wzmocnienia identyfikowania się z firmą, wzrostu motywacji, kreatywności, a także tolerancji na zmieniające się środowisko pracy*. Pomoże to w osłabieniu lub nawet eliminacji tak niekorzystnych zjawisk jak nadmierna absencja, fluktuacja kadr czy wypalenie zawodowe.

Jako filozof, nauczyciel i doradca biznesowy *polecam więc te kolekcję zarówno ludziom,*

pragnącym zmienić swoje życie prywatne, jak i firmom, których zamiarem jest stworzenie organizacji na miarę XXI wieku, efektywnej i satysfakcjonującej właścicieli oraz pracowników.

Danuta Stenka

Przypomina mi się ewangeliczna przypowieść o talentach… Pan przed wyjazdem wezwał swoje sługi. Jednemu dał pięć talentów, drugiemu – dwa, trzeciemu – jeden. Dwoje z nich pracowało i pomnażało swoje talenty. Ten, który dostał jeden talent, zakopał go w ziemi, a potem go oddał. Został za to ukarany, bo nie pomnożył tego, co otrzymał.

Tak mi się wydaje, że my – myślę tutaj o wszystkich ludziach na świecie – często przeżywamy życie bez świadomości skarbu, jaki posiadamy. Bez świadomości talentów, którymi zostaliśmy obdarowani. Bez świadomości potencjału, który może nam służyć. *Ten projekt pozwala dostrzec, że tkwią w nas ogromne możliwości*, i dlatego bardzo mi się podoba. Pokazuje, że ludzie osiągający sukcesy, robiący karierę, ludzie, o których myślimy, że dostali zdecydowanie więcej od losu, są właściwie tacy sami jak my. Oni tylko uświadomili sobie, że mają możliwości, że mają potencjał i zrobili z tego użytek. Mam nadzieję, że wykłady, które dostajemy

właśnie do ręki, pomogą wielu ludziom niemającym jeszcze tej świadomości, dokonać odkrycia, że posiadają ogromny skarb – talenty, żeby zdążyli z nich zrobić użytek i nie ukrywali w głębinach swojego wnętrza do końca życia.

Dodam jeszcze, że *chciałabym, żeby te teksty towarzyszyły także moim córkom u progu dorosłego życia.* Żeby miały je przy sobie i mogły do nich zajrzeć w chwilach zwątpienia, załamania czy niepewności. Wierzę, że pomogą im odzyskać zgubioną pewność i złapać właściwy kierunek.

Ja sama podczas czytania tych tekstów, przyznam szczerze, odkurzyłam sobie dawno zapomnianą wiedzę, dodałam do niej nowe aspekty. *Wiele dzięki temu zyskałam i bardzo się z tego cieszę.*

Jerzy Stuhr

Praca nad tymi wykładami uzmysłowiła mi, jaką osobowością ja sam dysponuję i co jeszcze powinienem w sobie zmienić, bo zawsze jest coś do zmiany. W tych tekstach znalazłem też potwierdzenie, że sukcesu w znaczeniu pieniądze i sława jeszcze nie można nazwać szczęściem. Dla mnie osobiście szczęściem jest bezpieczeństwo moich bliskich, radość z pracy, przezwyciężanie słabości czy chorób. Pomyślałem sobie, że właściwie to wszystko gdzieś we mnie jest. Ale nie zawsze uświadomione. Nie zawsze w postaci konkretnych myśli. Raczej jako towarzyszące mi od dawna poczucie, że sam jestem odpowiedzialny za swoje życie. W każdej sytuacji. Nawet w chorobie.

Wierzę, że każdemu ze słuchaczy, troszeczkę za moją pomocą, te wykłady również mogą podpowiedzieć, kim rzeczywiście jest i do czego powinien dążyć w swoim życiu, aby mógł uznać je za udane.

Spis treści

Jak rozwinąć poczucie własnej wartości .. 27
Część utrwalająca 79
Słowniczek 119
Źródła i inspiracje 123

Jak rozwinąć poczucie własnej wartości

Narrator

To, jak odbieramy siebie, co tak naprawdę o sobie myślimy, czy jesteśmy swoimi największymi wrogami, czy oddanymi przyjaciółmi, zależy od wielu czynników. Już w dzieciństwie w naszym umyśle kształtują się zalążki poczucia własnej wartości. Skąd się biorą?... Powstają w wyniku kontaktów z ludźmi i ich reakcji na to, jak wyglądamy i co robimy. Jedni doceniają nasze, nawet drobne osiągnięcia, inni zaś... wytykają każdą najmniejszą porażkę. Brak równowagi w tym zakresie ma swoje konsekwencje rzutujące na przyszłą samoocenę. Nadmiar pochwał może spowodować, że będzie ona zawyżona, ciągła krytyka mocno ją obniży. W pierwszej części wykładu zastanowimy się więc, jak budować zręby dojrzałego poczucia własnej wartości u dziecka i... u siebie, jeśli stwierdzamy, że w dorosłym życiu nam go brakuje. Kluczem będzie wyrobienie w sobie nawyku myślenia w kategoriach: „Dam radę...", „Potrafię...", „Powiedzie mi się...".

Gdzie jest usytuowane poczucie własnej wartości, które nazywamy dojrzałym?... Znajduje się w sporej przestrzeni pomiędzy przeciwległymi biegunami: zakompleksieniem a zadufaniem. By poczucie własnej wartości osiągnęło właściwy poziom, niezbędna jest rzetelna wiedza o sobie samym: o tym, jaki mamy potencjał, co potrafimy, czego jesteśmy w stanie dokonać, a czym raczej nie powinniśmy się zajmować. W jej zdobyciu pomagały dwa poprzednie wykłady, zatytułowane Jak zbadać swoje możliwości oraz Jak poznawać siebie. Co jednak zrobić, jeśli dostrzegamy swoje mocne i słabe strony... jeśli wiemy, jak rozwijać zalety i osłabiać wady oraz potrafimy wpływać na nawyki, a mimo to nie w pełni wierzymy w swoją wartość?... Może znalezienie właściwej drogi ułatwi nam dalsza część wykładu, w której postaramy się scharakteryzować kluczowe obszary poczucia własnej wartości i zastanowimy się, jak działać w ich obrębie, by wykorzystać swoje możliwości i żyć pełnią życia.

Prelegent

Jeśli słuchałeś poprzednich wykładów, to prawdopodobnie należysz do tej grupy osób, która zastanawianie się nad własną osobowością przynajmniej rozpoczęła. Znasz siebie na tyle, by określić swoje mocne i słabe strony. Potrafisz nazwać cechy charakteru i ocenić możliwości. Czy zatem rozwijanie poczucia własnej wartości jest Ci jeszcze potrzebne?... Mimo wszystko tak!... Nad poczuciem własnej wartości warto pracować przez całe życie, by nie załamało się pod wpływem napotykanych trudności albo po kilku kolejnych osiągnięciach nie przechyliło się w stronę pyszałkowatego samozadowolenia.

Czym jest poczucie własnej wartości?... To wewnętrzne przekonanie o nas samych. Ocena, jaką sobie wystawiamy. Jej podstawę stanowi wiedza na temat swoich właściwości fizycznych, psychicznych i społecznych. Konsekwencje tej oceny są widoczne w różnych aspektach życia. Determinuje ona zakres naszych zachowań. Kształtuje postawę wobec siebie i świata.

Poczucie własnej wartości nie jest czymś stałym. Ulega ciągłym przekształceniom. Na obraz siebie wpływają doświadczenia w różnych sferach życia: osobistej, zawodowej, rodzinnej. W wyniku wydarzeń z naszym udziałem następują chwilowe zachwiania bądź trwałe zmiany wizerunku. Na przestrzeni dłuższego czasu są one raczej nieuniknione. Ważne, by w ogólnej ocenie, pomijając momenty życiowo doniosłe i w jakimś sensie przełomowe, obraz siebie był stabilny. Dlatego warto rozwijać poczucie własnej wartości i poszukać dla niego mocnego fundamentu. Dzięki temu nie będzie się ono zmieniać pod wpływem jednostkowego wydarzenia, kilka razy w ciągu tygodnia, miesiąca czy roku. Nie będzie zależne od nastroju lub błahego powodu: dodatkowego kilograma wagi, pobrudzonej sukienki, drobnego konfliktu w pracy czy w domu, czyjejś krytyki lub… błędów, które przecież popełnia każdy.

Narrator
Skąd bierze się to, że otaczający nas ludzie mają tak różne poczucie własnej wartości, bez względu na zestaw cech, które u nich obserwujemy?… Na jednym biegunie są osoby zbyt pewne siebie, przekonane o swej wyjątkowości

i nadzwyczajności, na drugim – ludzie, którzy wątpią, czy ich życie ma jakikolwiek sens. Zastanawiałeś się może kiedyś, dlaczego tak jest?…

Prelegent

Każdy z nas ma w umyśle obraz siebie idealnego. To taki zbiór oczekiwań wobec własnej osoby. Są one ogromne! Często nieprzystające do rzeczywistości. Z tej niezgodności między naszym wyobrażeniem o sobie a rzeczywistością wynikają trzy rodzaje samooceny: zawyżona, zaniżona i zrównoważona, czyli ta właściwa. Jeśli ktoś w ogóle lub prawie w ogóle nie odczuwa rozbieżności między własną osobowością a wyobrażeniem o niej, wówczas mówimy o samoocenie zawyżonej. Taka osoba bardzo mocno wierzy w to, że jest wyłącznie zbiorem zalet. Nie tylko postrzega siebie jako „naj", ale robi wszystko, żeby inni też tak o niej myśleli. Chce, aby było wyraźnie widać, że w każdej sferze życia jest bardziej wartościowa od innych. Jest przekonana, że wszystko rozumie i potrafi lepiej. Uważa się za autorytet w każdej dziedzinie. Podejmuje się nawet tego, do czego zdecydowanie nie ma kompetencji, bo wierzy, że i tak zrobi to doskonale. Lekceważy innych, jest arogancka, wywyższa się. Cechuje ją pycha, próżność, brak życzliwości i bezinteresowności. Nie interesują jej potrzeby innych. Zachowuje się egoistycznie i nonszalancko. Niekiedy towarzyszy temu gadżetomania. Chętnie kupuje wszystko, co markowe. Prezentuje nowy nabytek tak, by każdy widział, że rzecz pochodzi z najwyższej półki i… podziwiał.

> Ideały są jak gwiazdy. Jeśli nawet nie możemy ich osiągnąć, to należy się według nich orientować. GEORGE BERNARD SHAW

Samoocenę zaniżoną mają ci, u których różnica między postrzeganiem siebie w sposób negatywny a rzeczywistym wizerunkiem jest znaczna. Nieraz wcale nie dostrzegają oni swoich zalet. Uważają, że niczym szczególnym się nie wyróżniają i niczego nie potrafią zrobić dobrze. Zwykle boją się zająć czymś nowym w obawie, że brak im kompetencji i wszystkie ich wady od razu wyjdą na jaw. Nie zabierają głosu w towarzystwie, bo sądzą, że nie mają nic ciekawego do powiedzenia, więc nikt nie będzie ich słuchał. Nie zgłaszają swoich pomysłów w pracy, z góry zakładając, że są one bez wartości i inni je wyśmieją. To najczęstsze objawy.

U ludzi z samooceną zaniżoną można jednak zaobserwować także zachowania przeciwne, dokładnie takie jak u osób z zawyżonym poczuciem własnej wartości, czyli postawę charakteryzującą się agresją, zarozumialstwem i brakiem życzliwości. To forma mechanizmu obronnego. Takie zachowanie przez chwilę pozwala poczuć się lepszym, ukryć swoją słabość i małość. Osoby zachowujące się w ten sposób chcą za wszelką cenę wzbudzać podziw, strach albo jedno i drugie. Czują się słabe, więc posługują się prymitywną demonstracją siły oraz nadmiernie wykorzystują swoją pozycję w pracy i w domu. Paradoksalnie, powoduje to dalsze obniżenie samooceny. Jeszcze bardziej czują się różni od wyobrażonego ideału. Zaczynają siebie nie lubić i utrwalają w sobie przekonanie, że nie zasługują na nic dobrego. To powoduje chowanie się za kolejne gardy, a więc eskalację niewłaściwych zachowań.

Ludzie z niską samooceną mają skłonność do rozpamiętywania wszystkiego, co złe, i koncentrowania się na porażkach. Porażki to dla nich dowód, że są gorsi i słabsi od innych oraz doskonały pretekst, by nie podejmować żadnych prób zmian. Co ciekawe, mimo niskiej samooceny nie doceniają innych, raczej im zazdroszczą. Czują się pokrzywdzeni przez los. Mają pretensje do świata i zrzucają winę za swoje niepowodzenia na wszystko dookoła.

Najtrudniej jest dotrzeć do samego siebie.
MAREK AURELIUSZ

Tak właśnie wygląda mechanizm zachowywania się ludzi o niskim poczuciu własnej wartości. Powinniśmy przyglądać się sobie, by w porę dostrzec jego symptomy... Może zbyt często okazujemy brak życzliwości, arogancję i niechęć?... Jeśli tak, spróbujmy zaobserwować, czy tego rodzaju zachowania przynoszą nam satysfakcję, czy raczej budzą niesmak i niechęć do siebie?... Od naszej postawy zależą relacje z innymi... Trudno zapałać sympatią do kogoś, kto demonstruje wewnętrzne rozterki, atakując na oślep wszystko i wszystkich. Dbajmy o samorozwój oraz eliminujmy negatywne emocje i zachowania, jeśli dostrzeżemy, że się pojawiły.

Kompleksy, które niszczą poczucie własnej wartości, mają różne źródła. Statystycznie najbardziej wstydzimy się wyglądu, a następnie: pochodzenia, wykształcenia oraz rodziny… To w dużej mierze spadek po czasach feudalnych i podziałach klasowych, kiedy urodzenie z mocy prawa determinowało przyszłość człowieka. Myślisz, że to już historia?… Niestety nie… Wciąż sporo ludzi, bogatych i próżnych, skupionych na imprezowym życiu, obnoszących się z modnymi ubraniami i gadżetami, ceni tylko podobnych sobie. Blokują oni dostęp do swojej grupy, którą uważają za elitarną. Mimo to wielu z nas jest gotowych przyjmować ich zasady, nawet wbrew wyznawanym wartościom, byle tylko znaleźć się w tym kręgu… Dlaczego?… Czyżby wydawało nam się, że dzięki temu będziemy więcej warci?… To tylko złudzenie… Prosta droga do rozchwiania poczucia własnej wartości… Jeśli do takiej „elity" nas przyjmą, będzie ono zawyżone, bo wynikające z przynależności, a nie z naszych cech. Jeśli zaś grupa nas odrzuci, wyraźnie się obniży, ponieważ potraktujemy odrzucenie jako porażkę. Zanim więc rozpoczniesz starania o względy jakiegokolwiek towarzystwa, skonfrontuj wartości ludzi, na których akceptacji Ci zależy, z tym, co jest ważne dla Ciebie. Bądź sobą, myśl o sobie ciepło i z uznaniem, a wtedy przyciągniesz tych, którzy będą podzielać Twoje zapatrywania i dla których nie będzie ważny Twój stan posiadania lub wygląd.

Narrator
Nie chodzi o to, by unikać ludzi o wyższym statusie materialnym lub na wyższych stanowiskach. Odpowiedzmy sobie jednak uczciwie na pytanie, co popycha nas do inicjowania takich kontaktów?… Czy chcemy się z tymi osobami spotykać, by wymieniać poglądy, cieszyć się ze wspólnoty wartości i zainteresowań, nauczyć się czegoś?… A może powoduje nami tylko chwilowa chęć poprawy nastroju?… Warto spędzać czas z ludźmi, którzy radzą sobie lepiej od nas, pod warunkiem wszakże, że te kontakty są inspirujące i oparte na zasadzie wzajemnego szacunku. Podobne kryterium powinniśmy stosować, kształtując relacje ze znajomymi, którzy

zarabiają od nas mniej i żyją skromniej. Jeśli wyczuwamy w nich przede wszystkim zawiść i niechęć, może to oznaczać, że nie my jesteśmy dla nich istotni, ale nasza pozycja lub pieniądze. Podczas kontaktów z ludźmi kierujmy się przekonaniem, że wyniesiemy z nich coś cennego i tyle samo ofiarujemy.

Prelegent

Warto jeszcze wspomnieć o ogromnym wpływie samooceny na związki uczuciowe. Zaniżone poczucie własnej wartości nie pozwala cieszyć się miłością i znalezieniem właściwego partnera życiowego. Człowiek, który nie wierzy we własną wartość, podświadomie jest przekonany, że nie zasługuje na miłość. Albo ma wrażenie, że ten, kogo obdarzył miłością, oszukuje go, zapewniając o swoich uczuciach. Bez przerwy więc sprawdza, czy partner go kocha, stawia warunki, nie ustaje w wymaganiach. Zamyka obiekt swoich uczuć w klatce, której pręty zrobione są z wiecznego niezadowolenia, i stale zmniejsza obszar swobody. Tak jakby chciał udowodnić, że ma rację!, że trafił na partnera, który go wcześniej czy później opuści. To zresztą zwykle następuje.

Partner nękany bezpodstawnymi zarzutami, osaczony i stykający się z wiecznym niezadowoleniem, w końcu ma dosyć, nie wytrzymuje i zrywa związek. Poczucie własnej wartości człowieka opuszczonego staje się jeszcze niższe. Zwłaszcza że w tym, co się stało, nie widzi swojej winy. Ciekawie to zjawisko opisała Susan Forward w książce *Szantaż emocjonalny*.

Zbyt wysokie poczucie własnej wartości również nie pozwala naprawdę kochać. Ludzie o przesadnie wysokiej samoocenie często wybierają partnerów o słabszej konstrukcji psychicznej. Nie potrafią docenić bliskiej osoby. Nie dbają o nią. Mało tego! Nie biorą w ogóle pod uwagę, że „druga połówka jabłka" może mieć jakieś potrzeby. Tak naprawdę nie tyle chcą miłości, ile ciągłego zachwytu nad sobą. Partner to dla nich lustro, które w każdej chwili można zapytać słowami baśni: „Lustereczko, powiedz przecie, kto jest najpiękniejszy... najprzystojniejszy, najwspanialszy, najmądrzejszy... w świecie?". I słyszą: „Ty, oczywiście, że ty!". Karmią się tym podziwem, nawet jeśli jest bezpodstawny. Jednak z czasem to już nie wystarcza. Potrzebują nowych doznań, nowych zachwytów, nowego lustereczka. I... odchodzą. Póki nie zmienią swojej postawy, nie mają szansy na prawdziwy, oparty na partnerstwie związek.

W miłości, podobnie jak w sferze zawodowej, najlepsze okazuje się optymalne, czyli zrównoważone, poczucie własnej wartości. Wtedy obie strony związku mają możliwość indywidualnego rozwoju. Odnoszą się do siebie z życzliwością i wzajemnie mogą liczyć na zrozumienie. Nie ma mowy o lęku przed odrzuceniem. Jeśli nawet taki związek się rozpada, co zdarza się rzadko, to zwykle partnerzy pozostają ze sobą w przyjaźni. Czy rozpoznajesz siebie w którymś typie związku?... Jak zachowujesz się wobec osób, które kochasz?...

Bez Twojego pozwolenia nikt nie może sprawić, że poczujesz się gorszy. ELEANOR ROOSEVELT

Tym, do czego dążymy w pracy nad sobą, jest zrównoważone poczucie własnej wartości. Opiera się ono na realistycznej, ale pozytywnej samoocenie.

Obszar rozbieżności między rzeczywistym obrazem siebie a wyobrażeniem własnej osoby jest w tym wypadku średni. Ani tak mały, by popaść w samouwielbienie, ani tak duży, by całkowicie negować swoją wartość. Osoby z samooceną zrównoważoną mają przeważnie dobre samopoczucie. Dlaczego?... Ponieważ szanują siebie, ufają sobie i wierzą we własne możliwości. Czy każdy z nas, z ręką na sercu, może powiedzieć, że szanuje siebie?... że ufa sobie?... że wierzy we własne możliwości?... A przecież poczucie własnej wartości determinuje wszystkie nasze życiowe poczynania i stanowi o tym, czy będziemy szczęśliwi, czy nie. Jest w nas, nie na zewnątrz. Dzięki optymalnemu poczuciu własnej wartości będziemy mogli w pełni wykorzystywać swój potencjał i budować kolejne udane etapy życia.

Narrator
Jeśli mamy optymalną samoocenę, w pełni zdajemy sobie sprawę ze swoich zalet, kompetencji i wiedzy. Nie czujemy wówczas potrzeby udowadniania innym na każdym kroku swojej wartości. I zwykle łatwiej osiągamy stan szczęścia.

Życzliwa postawa wobec świata staje się wówczas zupełnie naturalna. Towarzyszy jej przekonanie, że wszyscy ludzie są równi i w takim samym stopniu zasługują na szacunek i szczęście.

Osoba optymalnie oceniająca swoją wartość zachowuje równowagę psychiczną i uczuciową. Ceni siebie bez względu na to, czy podjęte przez nią działania zakończyły się sukcesem czy porażką. Cieszy się z osiągnięć, nie załamuje błędami, lecz wyciąga z nich naukę na przyszłość. Do kolejnych wyzwań rusza z nową energią i entuzjazmem. Nie traćmy więc energii na złe wspomnienia, nie koncentrujmy się na porażkach. Podejmujmy nowe wyzwania i starajmy się im sprostać. One pozwolą nam podnieść samoocenę i wzmocnić poczucie własnej wartości.

Prelegent
Poczucie własnej wartości kształtuje się w dzieciństwie. To pierwsze lata życia w znacznym stopniu decydują o tym, jacy będziemy jako dorośli. Mówi się, że dziecko, w które nikt nie wierzy, samo nigdy w siebie nie uwierzy i wyrośnie z niego dorosły, który także w siebie nie wierzy. Zaburzenia samooceny najczęściej są

efektem wychowania. Przesadnie wymagający ojciec czy matka, nawet gdy dziecko odnosi sukcesy w jakiejś dziedzinie, nigdy nie są z niego w pełni zadowoleni. Nie chwalą go, tylko ciągle podnoszą poprzeczkę: „Drugie miejsce? – Nie mogło być pierwsze?", „Grasz w teatrzyku szkolnym? – Czemu nie główną rolę?", „Zostałeś wybrany do samorządu? – Nie chcieli cię na przewodniczącego?". I tak w kółko. To nie jest dobra droga. Bez pochwał i zauważania drobnych osiągnięć nie da się wzmocnić motywacji. Jeśli rodzice przyjęli taki styl wychowania, dziecko koncentruje się na próbach sprostania wszystkim wymogom otoczenia. Chce zasłużyć na pochwałę, której tak bardzo potrzebuje. Utrwala w sobie przekonanie, że na wszystko musi ciężko zapracować, nawet na miłość, i… że człowieczeństwo samo w sobie nic nie znaczy.

To może całkowicie zrujnować poczucie własnej wartości młodego człowieka. Tak jak wcześniej chciał zasłużyć na pochwałę wymagających rodziców, tak później chce być chwalony przez innych ludzi – nauczycieli, szefów, partnerów. Skupia na tym całą energię. Odczuwa strach, że jego pomysły nie znajdą uznania, więc ogranicza naturalną kreatywność. Rezultatem jest jeszcze większy brak pewności siebie oraz kłopoty z nawiązywaniem zdrowych relacji z innymi. Pozwala się ranić. Wiele rzeczy robi wbrew sobie, by zadowolić innych, by zasłużyć na miłość i szacunek, których raczej nie zdobędzie. Ludzie nie szanują bowiem osób całkowicie im podporządkowanych, godzących się na wszystko.

Zbytnia uległość i chęć przypodobania się za wszelką cenę odbiera atrakcyjność oraz zniechęca potencjalnych partnerów, więc osoby uległe rzadko osiągają satysfakcję zawodową, rzadko także tworzą udane związki. Wielokrotnie zawodzą się na innych, chociaż z reguły tego nie pokazują. Ból, rozczarowanie i zniechęcenie kryją pod maską agresji, ironii lub obojętności. Poniżają innych lub wycofują się z kontaktów z ludźmi.

Każdy związek jest domem, do którego klucze znajdują się w rękach mieszkańców.
ÉRIC-EMMANUEL SCHMITT

Jednak rodzice świadomi tych zagrożeń także nie mają łatwego zadania. Nie wystarczy bowiem dziecka ciągle chwalić. Pochwały w nadmiarze szkodzą tak samo jak ich brak. Przyczyniają się do nadmiernego, niczym niemotywowanego wzrostu poczucia własnej wartości. W zderzeniu z życiem może to przynieść fatalne skutki. W dozowaniu pochwał wykazujmy się więc dużym wyczuciem i znajomością psychiki własnego potomka.

Mierzmy osiągnięcia dziecka jego miarą i stąd czerpmy powody do pochwał! Co to znaczy?... Wyobraźmy sobie taką sytuację. Kilkuletnie dziecko podbiega z kartką, żeby pochwalić się rysunkiem. Obrazek przedstawia domek z ogródkiem w słoneczny dzień. Niebo zielone, trawa fioletowa, słońce jednocześnie z gwiazdami, kwiaty większe od domu. Obiektywnie rzecz biorąc, rysunek daleki od realizmu. Maluch jest z niego bardzo dumny. Jak zareagujemy?... Mamy dwa wyjścia. Pierwsze to pochwalić, doceniając wyobraźnię: „Ładny rysunek. Bardzo oryginalny. Jakie wesołe kolory! Taki wielki kwiat! Sam go wymyśliłeś czy gdzieś widziałeś?". Drugie wyjście to zwrócenie uwagi na „nieprawdziwość" przedstawionego świata: „Narysowałeś źle, niebo musi być niebieskie, trawa zielona. Jak rysujesz słońce, nie możesz dodawać gwiazd. Kwiaty to jakieś mutanty, nie mogą być większe od domu!".

Wyobraźmy sobie teraz, co dzieje się w umyśle dziecka w każdej z tych sytuacji. W pierwszej wzmacniamy radość, dziecko szczęśliwe i radosne pobiegnie do swoich zajęć, być może z entuzjazmem stworzy nowy rysunek. Będzie spokojne, bezpieczne i zadowolone. Jeśli sprzeczność między radością dziecka z osiągnięcia a reakcją krytykującego rodzica będzie zbyt duża, zachwieje poczuciem własnej wartości małego człowieka. Spowoduje, że radość zniknie, a dziecko odejdzie zniechęcone do innych zajęć. Myśl: „Nie robię tego dobrze" może się później przerodzić w o wiele groźniejsze i smutniejsze przekonanie: „Niczego nigdy nie robię dobrze".

A jak postąpić, gdy wiemy, że dziecko zrobiło coś, czego na pewno nie możemy pochwalić?... Chwalić mimo to?... Udać, że się niczego nie zauważyło?... Przemilczeć?... Żadne z tych wyjść nie jest dobre... Najgorszą reakcją będzie złość i używanie słów, które nie odnoszą się do konkretnej sytuacji, a generalizują sprawę. Należą do nich: nigdy, zawsze. Na przykład: „Nigdy mnie nie słuchasz", „Zawsze wiesz lepiej"... To nie są dobre stwierdzenia. Jakie będą lepsze?... Może: „Przykro mi, że tak się stało... Czy możesz to poprawić?". Zwróćmy uwagę, że druga wypowiedź nie jest pozbawiona szacunku do człowieka, pierwsza natomiast tak. Jeśli zdecydujemy się na ostrzejszą krytykę, powinna ona dotyczyć jedynie konkretnego zdarzenia. Jeśli się odwołujemy do zdarzeń wcześniejszych, to wyłącznie do pozytywnych. Pilnujmy też, żeby podkreślać, że tylko zdarzenie oceniamy negatywnie, natomiast syna czy córkę jako człowieka – nie.

Całkowicie zakazane jest używanie wyzwisk, zarówno w stosunku do dziecka jak i każdego innego człowieka. Obraźliwe słowa ranią na długo. Nie sposób się z nimi pogodzić ani ich zapomnieć. Używanie wyzwisk i poniżających stwierdzeń w stosunku do dziecka nigdy nie przynosi dobrego efektu. Wzmacnia w nim strach, agresję i zniechęcenie, a przede wszystkim demotywuje i zabija poczucie własnej wartości!

Dobrą metodą na kształtowanie u dzieci optymalnej samooceny jest wytyczanie granic i wyznaczanie obowiązków dostosowanych do ich wieku, a także wspieranie w realizacji celów. Wytyczanie granic polega na jasnym stawianiu wymagań. Dziecko powinno znać ramy akceptacji jego zachowań. Ramy te powinny się poszerzać wraz z rozwojem i wiekiem dziecka, zapewniać mu poczucie bezpieczeństwa, ale i dawać wolność rozumianą jako wolność do decydowania o sobie. Jakieś granice oczywiście pozostaną na zawsze, bo będą je wyznaczać wartości nadrzędne, o których będzie mowa w następnym wykładzie.

Dziecko, tak jak każdy z domowników, może mieć obowiązki wynikające z przynależności do rodziny. Wszyscy powinni się wzajemnie troszczyć o siebie, darzyć miłością i szacunkiem, no i… dzielić pracą. Stąd też nie należy odcinać dziecka od prac domowych. Co może robić?… Najpierw podlewać kwiaty, wycierać kurze, potem wykonywać także inne czynności. Dobrze, żeby początkowo było to wspólne działanie. Dzieci lubią wiele rzeczy robić razem z rodzicami, lubią ich towarzystwo. Rodzice powinni to wykorzystać. W ten sposób wzmocnią nie tylko swój autorytet, lecz także trwałą więź z dzieckiem. To istotna wartość, jednak cenniejsze jest to, że dziecko zaczyna rozumieć, iż jego praca jest dla kogoś ważna. Uwierzy, że potrafi coś zrobić dobrze. W przyszłości przeniesie to przekonanie na inne czynności w życiu.

Dziecko, podobnie jak człowiek dorosły, powinno mieć też jakieś cele. Nieraz próbuje je sobie wyznaczyć, ale nie zauważamy tego. Mówi na przykład: „Zbuduję z klocków wieżę do samego sufitu". I co słyszy?... „Nie buduj takiej wysokiej, bo na pewno się przewróci. Poza tym nie masz tylu klocków". Czy takie słowa zachęcają do działania?... Na pewno nie! Jeśli dziecko snuje różnego typu plany, starajmy się je zachęcić do szukania rozwiązań. Nie utrącajmy jego pomysłów na samym początku, choćby wydawały się nam absurdalne. Czy loty człowieka w kosmos zawsze uważane były za możliwe do realizacji?... Niech dziecku będzie wolno myśleć, mylić się i dochodzić do celu w wybrany przez siebie sposób. Jeśli nie uda mu się celu zrealizować, pomóżmy porażkę potraktować jak zwyczajny błąd i naukę. Nie pozwólmy, by zniechęciła do kreatywności i obniżyła samoocenę. Pod wpływem krytyki dzieci mogą raz na zawsze stracić pozytywną opinię o sobie. W takiej sytuacji być może nigdy już nie podejmą próby poprawienia czegokolwiek, żyjąc w przekonaniu, że i tak nie są nic warte. Na dorosłych więc spoczywa w tym zakresie ogromna odpowiedzialność. Czasem niewinny, z perspektywy dojrzałej osoby, żart może dotkliwie zranić dziecko i zostawić w nim blizny na całe życie.

Rośliny uszlachetnia się przez uprawę, ludzi – przez wychowanie. JAN JAKUB ROUSSEAU

Dziecko nie jest jakimś bytem innej kategorii. To mały człowiek, który musi nauczyć się radzić sobie ze złością, smutkiem, odrzuceniem oraz krytyką. Rodzice, którzy otaczają dziecko ochronnym kokonem i spełniają wszystkie jego oczekiwania, czynią mu ogromną krzywdę. Samodzielne życie szybko i boleśnie pokaże, że otaczający świat jest dalece mniej przyjazny niż „bezstresowy" rodzinny dom. Lepiej stopniowo przesuwać dziecku granice i nauczyć mądrego, bo opartego na wartościach nadrzędnych korzystania z wolnego wyboru. Wtedy będzie miało dużą szansę na spełnione i szczęśliwe życie, a to jest celem każdego rodzica.

Może myślisz teraz: "No, tak. Jestem taki niepewny siebie, mało kreatywny, bez celu w życiu, bo rodzice swoim postępowaniem tak mnie ukształtowali. Nie mogę więc niczego od siebie wymagać...". Mylisz się! To niezupełnie tak wygląda! Nie zrzucaj winy na rodziców za brak optymalnego poczucia własnej wartości. W większości rodzin, i matka, i ojciec mają na uwadze troskę o dziecko i zapewnienie mu dobrej przyszłości. Jeśli nie wszystko się im udało, zadbajmy o to sami. W dorosłym życiu jeszcze wiele możemy zdziałać!

Narrator
"Boże, daj mi tę łaskę, bym przyjął to, czego nie mogę zmienić. Daj odwagę, bym zmieniał to, co zmienić mogę. I mądrość, bym odróżnił jedno od drugiego". Reinhold Niebuhr w tym znanym aforyzmie trafnie wyznaczył trzy ważne cnoty człowieka: pokorę, odwagę i mądrość. Pierwsza jest potrzebna, by zaakceptować otaczający świat, takim jaki jest. Druga, by nie bać się działania, i trzecia, by wiedzieć, jak być skutecznym.

Prawidłowo rozwinięte poczucie własnej wartości pozwala nam zbliżyć się do tego ideału.

Poczucie własnej wartości to nic innego jak stan psychiczny, który odzwierciedla nasze mniemanie o sobie. Kształtuje nasz sposób postrzegania świata i w znaczącym zakresie wpływa na nasze zachowanie. Pozytywna samoocena oznacza dobre traktowanie samego siebie, pogodzenie się z wadami i odporność na porażki. Jej podstawy tworzą się już w dzieciństwie. W dużym stopniu zależą od tego, jakie komunikaty na swój temat otrzymujemy z otoczenia. Czy będą to uzasadnione pochwały, czy nieprzemyślana, krzywdząca krytyka... Efektem może być nieprzystępność, arogancja lub zadufanie, za którym skrywa się zakompleksienie i nierealistycznie wysokie lub przesadnie niskie poczucie własnej wartości. Nie obwiniajmy jednak rodziców o nasze ewentualne kłopoty z samooceną. Pamiętajmy, że działania większości z nich mają na celu dobro dziecka, a jako dorośli możemy jeszcze wiele zmienić w myśleniu na swój temat.

Kompleksy powodują, że mamy niewiele szans na osiągnięcia zawodowe oraz szczęśliwy związek. Próbujemy szukać akceptacji wśród ludzi, którzy nie podzielają naszego systemu wartości i jak to się nieraz mówi, „są z innej bajki". Ceną, którą za to zapłacimy, będzie rezygnacja z siebie lub odrzucenie. Jedno i drugie kończy się obniżeniem samooceny. Tworzy się zamknięte koło, z którego trudno się wydostać. Jak zatem wzmacniać w sobie poczucie własnej wartości?... Czym się kierować, by samoocena była zrównoważona?...

Warto zadbać o wszystkie trzy obszary poczucia własnej wartości, czyli: samoświadomość, akceptację siebie i pozytywne myślenie. Omówimy je w drugiej części wykładu. Zastanowimy się też, jakie kroki podjąć, by nasze działanie było efektywne... Weźmiemy pod uwagę różne aspekty zmian: od zgody na własny wygląd po kontakty z otoczeniem... Poznamy również historię człowieka, który zrobił tak wiele dobrego dla świata, że został laureatem Pokojowej Nagrody Nobla. Przekonamy się, jak pomogło mu w tym poczucie własnej wartości.

Prelegent
Wzmocnienie poczucia własnej wartości wymaga równoczesnego, planowego działania w trzech kluczowych obszarach: samoświadomości, akceptacji siebie i pozytywnego myślenia.

Nieznajomość własnego „ja" skazuje człowieka na bezrefleksyjne życie, które nieuchronnie prowadzi do braku szczęścia, braku spełnienia i braku szacunku dla siebie. Dzięki samoświadomości zaczynamy dostrzegać, że mamy wpływ na nasz los. Potrafimy działać skuteczniej i bardziej racjonalnie. Jeśli wiemy, kim jesteśmy i czego chcemy, łatwiej nam ustalić wartości nadrzędne i podporządkować im cele życiowe, a potem, wykorzystując posiadane atuty, skutecznie dążyć do ich osiągnięcia.

A co zrobić ze świadomością własnych niedoskonałości?... Przyjąć je naturalnie. „Nikt nie jest doskonały" – to znakomity cytat ze sceny finałowej jednej z amerykańskich filmów. Na niedoskonałości są dwa sposoby. Pracujmy nad tymi, które powinniśmy zwalczyć, żeby mieć dobre relacje z ludźmi i móc dotrzeć do celu. Istnienie pozostałych po prostu akceptujmy.

I tu przechodzimy do drugiego ważnego obszaru, który ma duży wpływ na poczucie własnej wartości. Jest to akceptacja siebie. Nie ma ona nic wspólnego z niezdrowym narcyzmem ani manią wielkości. Oznacza wiarę w to, że jest się człowiekiem kompletnym, ze zbiorem zalet i wad.

Nathaniel Branden, prekursor wiedzy o samoocenie, autor znakomitej publikacji *Sześć filarów poczucia własnej wartości*, definiuje akceptację siebie jako odmowę bycia swoim wrogiem. Branden wyróżnia trzy poziomy akceptacji. Pierwszy to poszanowanie i troska o siebie, wynikające z faktu bycia świadomą i żywą istotą. Jest to fundament, bez którego nie da się rozpocząć pracy nad poprawą samooceny, ponieważ człowiek, który nie szanuje siebie, nie potrafi także walczyć o swoje prawa. Drugi poziom akceptacji to uzmysłowienie sobie własnego życia psychicznego, uznanie swoich myśli, odczuć i pragnień takimi, jakimi one w rzeczywistości są. Chodzi o świadome doświadczanie, przeżywanie i akceptowanie swojego wewnętrznego życia. Ma to zasadnicze znaczenie dla naszego dalszego rozwoju, ponieważ jedynie uświadomienie sobie własnej konstrukcji psychicznej i jej obecnego stanu daje szansę na dokonanie w niej zmian. Taka świadomość ma także kapitalną moc uzdrawiającą. Na trzecim poziomie akceptacji staramy się zrozumieć strategię swojego myślenia i tym samym motywy swojego działania.

Proces akceptowania siebie zacznijmy od akceptacji własnego wyglądu. Obecnie ludzie przywiązują zbyt wielką wagę do tak zwanego ideału urody. Powstał jakiś kanon, wymyślony przez studia mody, wymagający niezwykłej chudości, odpowiednich proporcji ciała, braku zmarszczek, określonego kształtu twarzy, i nie wiadomo czego jeszcze. W utrwaleniu tego nierealistycznego wizerunku piękna pomagają reklamy. Tylko tam wszyscy są piękni, proporcjonalni, bez niedoskonałości! Tylko tam, bo… to produkt programów graficznych. Powtarzajmy więc sobie często: „Mam prawo być, jaki jestem". Chyba że kompleksy są bardzo głębokie, a defekt odbija się na relacjach społecznych. W takiej sytuacji warto poradzić się specjalisty. Najlepiej najpierw udać się do dobrego psychologa lub psychoterapeuty.

Dbałość o zdrowie jest kolejnym przejawem akceptacji siebie. Organizm to niezwykła fabryka. Produkuje wszystko, czego potrzebujemy, więc starajmy się, by działała bez zarzutu. Jeśli nie będziemy potrafili zadbać o swoje zdrowie fizyczne, nie będziemy też w stanie zatroszczyć się o swoją psychikę.

Jak zatroszczyć się o psychikę?... Przyjrzyjmy się własnym myślom, odczuciom i pragnieniom. Nie cenzurujmy ich. Spróbujmy uświadomić sobie, co snuje się nam po głowie... jak przeżywamy kolejne doświadczenia... o czym marzymy. To ważne! Zbyt często zachowujemy się tak, by nikogo nie urazić, by spełnić czyjeś oczekiwania. Niekiedy nawet sami nie wiemy, czego chcemy, bo nigdy nie dopuściliśmy do głosu naszych pragnień. Pamiętaj, że masz do nich prawo. Masz prawo marzyć! Masz prawo myśleć, o czym chcesz! Masz prawo mieć własne przekonania. Ta świadomość bardzo wzmacnia poczucie własnej wartości.

Stąd już prosta droga do trzeciego obszaru pracy nad samooceną – pozytywnego myślenia. Nie rodzi się ono samo z siebie. Nie możemy oczekiwać, że nagle z umysłu znikną wszystkie pesymistyczne przewidywania, a na ich miejsce wskoczą pozytywne myśli. Samo to się na pewno nie stanie, ale… możemy to spowodować.

> O ileż lepiej płakać z radości niż znajdować radość w płaczu. WILLIAM SZEKSPIR

Jak to zrobić?… Przede wszystkim zrezygnujmy z narzekania. O jego zgubnych skutkach mówiliśmy już wcześniej. Zaprzestanie narzekania jest jednym z warunków szczęśliwego życia. W tym celu warto zastosować znany od dawna mechanizm. Zgodnie z nim – nasze myślenie wpływa na nasz byt. Zacznijmy więc wierzyć, że wszystko potoczy się dobrze. Powtarzajmy to codziennie. Wyobrażajmy sobie tylko szczęśliwe zakończenia. Spróbujmy odnajdywać w otaczającym nas świecie to, co najlepsze. Starajmy się nie tracić z oczu tego, co ważne, wartościowe i pozytywne w naszym życiu. Jeśli będziemy postępować jak optymiści, to się nimi staniemy. Będziemy promieniować pozytywną energią, więc ludzie będą chcieli przebywać w naszym towarzystwie. A to wzmocni nasze mniemanie o sobie.

Narrator

Z optymistycznego podejścia do życia wynika jeszcze jedna istotna cecha – zaufanie do innych. Nie bójmy się ludzi. Na ogół reakcją na optymizm i życzliwość jest właśnie... optymizm i życzliwość. Możemy zresztą wzmacniać tę interakcję poprzez zauważanie w ludziach ich pozytywnych cech. A więc mówmy szczere komplementy, dostrzegajmy i doceniajmy argumenty zarówno sprzymierzeńców, jak i przeciwników. Szanujmy każdego. Bądźmy bezinteresownie przyjaźni. Stańmy się życzliwymi słuchaczami i godnymi zaufania powiernikami. Szukając w ludziach tego, co w nich najlepsze, z pewnością to odnajdziemy. A oni odpłacą się tym samym. Wiara w innych zawsze procentuje.

Prelegent

W tej trzypoziomowej analizie bardzo przydaje się prowadzenie dialogu wewnętrznego. Starajmy się być dla siebie przyjaciółmi. Prawdziwymi! Czy takie skupienie na sobie może prowadzić do samouwielbienia?... Wyzwolić pokłady egoizmu lub egocentryzmu?... Czy wzmacniając poczucie własnej wartości, możemy przesadzić w drugą stronę i nadmiernie zająć się sobą?... Jeśli zadajesz tego typu pytania, to takie niebezpieczeństwo Ci nie grozi. Pełna akceptacja siebie na wszystkich poziomach nie ma nic wspólnego z niezdrową narcystyczną fascynacją swoją osobą. Jest to zrównoważone podejście, które pozwala dostrzec zarówno własne zalety, jak i wady. Daje dystans do własnych błędów, ale uczy również rozumieć błędy innych. Dzięki takiemu myśleniu stosunek do ludzi może się zmienić na lepsze.

Z wcześniejszych rozważań łatwo wywnioskować, że znaczącą rolę w pielęgnowaniu poczucia własnej wartości odgrywają słowa. Mają ogromną moc. Potrafią inspirować, ale też ranić, a nawet wywoływać wojny. Przekonania wyrażamy głównie poprzez słowa. Słowami także myślimy. Czy zdajesz sobie sprawę z tego, jak silną bronią dysponujemy?... Odpowiednim doborem słów możemy motywować, budzić wiarę i optymizm, podsycać nadzieję. Możemy jednak również niszczyć i zniechęcać. Słowem możemy ranić także siebie. I będą to rany nieporównanie głębsze i trudniejsze do zagojenia niż odniesione fizycznie.

Czy widzisz różnicę między myśleniem o sobie w sposób generalizujący a myśleniem odnoszącym się do konkretnego wydarzenia?... Jeśli mówisz: „Jestem leniwy", „Wszystko robię źle", „Nikt mnie nie lubi" – nie dajesz sobie żadnej możliwości zmiany sytuacji. Skoro jesteś, jaki jesteś, to nic nie może się zmienić. Czy w takim przypadku zdobędziesz się na znalezienie w sobie motywacji i siły do rozwoju?... Raczej nie. Szukaj wyjść, nie chowaj się za niekorzystnymi słowami i zwrotami. Unikaj też stwierdzeń w kategoriach „Wydaje mi się...", na przykład: „Wydaje mi się, że mogę podjąć się tego zadania". To wzbudza nieufność, nie tylko w rozmówcy, ale też we własnym umyśle. Takie zdania wyrażają nadzieję niepotrzebnie podszytą zwątpieniem. Wydaje mi się?... Nie jestem pewny?... Czyli co?... Przewiduję porażkę?... Wykreśl takie podteksty zarówno ze swoich wypowiedzi, jak i z myśli. Po raz kolejny mogą nam przyjść z pomocą afirmacje. W jaki sposób wykorzystać je w pracy nad wzmacnianiem poczucia własnej wartości?... Stwórzmy zdanie, które podbuduje nasze samopoczucie, i powtarzajmy je często, najlepiej na głos. Może brzmieć mniej więcej tak: „Każdego dnia i pod każdym względem staję się lepszy, coraz bardziej entuzjastyczny, odważny i wytrwały".

Narrator
Znamy już obszary, nad którymi należy pracować, by nasze poczucie własnej wartości znalazło się na poziomie umożliwiającym skuteczne działanie. Wiemy, jaki wpływ na naszą osobowość mają słowa i jak bardzo w pracy nad sobą przydaje się afirmowanie. Co jeszcze możemy zrobić dla zwiększenia poczucia własnej wartości?...

Prelegent
Odpowiedź mieści się w dwóch zdaniach: Polub siebie i innych. Pracuj z radością. To bardzo ogólne stwierdzenia. Co oznacza na przykład „polubić siebie"?... Człowiek, który lubi siebie, czuje się dobrze we własnym towarzystwie. Czy to oznacza, że dobrze czuje się wyłącznie w samotności?... Nie, „dobrze się czuć samemu ze sobą" niewiele ma wspólnego z samotnością. Taki człowiek nie odczuwa samotności, nawet gdy przez długi czas jest pozbawiony

towarzystwa. Nie wierzysz?... Zobacz, ilu ludzi ma pracę, która wymaga wielogodzinnego przebywania w odosobnieniu – pisarze, malarze, tłumacze, redaktorzy... Czy oni są samotni?... Jeśli lubią siebie, nie! Myślą nad czymś, realizują projekty zawodowe i dążą do doskonałości w tym, co robią. Zwykle dzielą czas między pracę a rodzinę i przyjaciół. Czerpią radość z osiągnięć, nawet jeżeli mierzą je tylko stopniem swego zadowolenia. Możesz powiedzieć: „No, dobrze, ale ja nie jestem pisarzem ani malarzem, nie jestem nawet samotnym podróżnikiem...". Nie musisz być! Oto kilka prostych rad, które pomogą Ci poczuć się dobrze we własnej skórze...

Po pierwsze: Zaakceptuj swój wygląd! Co czujesz, gdy pomyślisz o tym, jak wyglądasz?... Pełne zadowolenie, niedosyt czy konsternację?... Tu za mało, tam za dużo, fałda, zmarszczka, koloryt skóry, kształt nosa, uszy? Co Ci się nie podoba?... Tylko niektóre elementy czy wszystko?... Nie ma ludzi w pełni zadowolonych ze swojego wyglądu. Ale... istnieje wielu, którzy to, jak wyglądają, po prostu akceptują. Akceptacja nie równa się aprobacie. Aprobata znaczyłaby: podobają mi się wszystkie elementy mojego ciała. To byłoby trudne, a może nawet niemożliwe. Znacznie łatwiej o akceptację. Niedoskonałości ciała trzeba przyjąć jak inne elementy natury – góry, rzeki, jeziora. Wszystko ma jakiś kształt. Ciało też. Nie ma czegoś takiego, jak obiektywna brzydota. Ideał ludzkiej figury i piękna twarzy nie został ustalony raz na zawsze. Niemal każde pokolenie i każda cywilizacja tworzy swój.

Masz prawo być taki, jaki jesteś! Nie musisz operacjami plastycznymi dostosowywać się do wzoru. Jedyne, co warto zrobić, to zwyczajnie zadbać o siebie. Zatroszcz się o włosy i paznokcie. Ubieraj się czysto i ze smakiem – to, że któregoś dnia nigdzie nie wychodzisz, nie zwalnia Cię z estetycznego wyglądu. Znajdź swój indywidualny styl, a gdy już to zrobisz, nie zmieniaj go pod wpływem jakiejś grupy. Czy zależy Ci na tym, żeby inni utrzymywali z Tobą kontakt, dlatego że spodobało się im Twoje ubranie?… Może lepiej zainwestować w swoje wnętrze, cechy charakteru, wiedzę i umiejętności?…

I jeszcze jedna ważna rzecz. Codziennie witaj się ze sobą przyjaźnie. Pierwsze poranne spojrzenie w lustro każdemu z nas pokazuje podpuchniętą, trochę szarą twarz i zmierzwione włosy. Spójrz na siebie w tym wydaniu i uśmiechnij się. Powiedz coś miłego do swojego lustrzanego odbicia. Słowa powinny być budujące i pozytywne. Mogą być zabawne, koniecznie jednak sympatyczne. Jeśli będziesz to powtarzał codziennie, wykształcisz w sobie nawyk rozpoczynania dnia z uśmiechem, a to jest tak samo ważne jak śniadanie.

Po drugie: Pracuj z wyczuciem nad mową ciała! Ale ingeruj w nią ostrożnie... Ciało powinno odzwierciedlać nasze przekonania. Nieszczerość przekazu będzie czytelna dla rozmówcy. Lepiej więc nie stosować sztucznych gestów. Raczej pamiętajmy o postawie, nośmy głowę wysoko, prostujmy plecy, uśmiechajmy się pogodnie i patrzmy rozmówcy prosto w oczy.

Po trzecie: Kształć się, zdobywaj nową wiedzę i umiejętności! Nie kończ edukacji na nauce szkolnej. W czasach niezwykle szybkiego postępu we wszystkich dziedzinach warto uczyć się przez całe życie. Zapytasz: „Jak to? Za sobą mam szkołę średnią i studia, zdobyłem zawód i powinienem się dalej kształcić? Po co?".

Nauka zapewni Ci utrzymanie poczucia własnej wartości na optymalnym poziomie. A jeśli zostaniesz ekspertem w jakiejś dziedzinie, nie będziesz musiał zabiegać o pracę. Bezpieczeństwo zatrudnienia i świadomość niezbędności w społeczeństwie mocno podnosi samoocenę. Jak się kształcić?... Można wybrać różne formy: samokształcenie, kształcenie instytucjonalne, czyli kursy i szkolenia, ale naprawdę dobre jakościowo!, oraz staże. Możesz zwyczajnie umówić się z kimś, kto jest dla Ciebie autorytetem, żeby pozwolił Ci przez jakiś czas przypatrywać się swojej pracy. Ucz się też od młodszych i starszych kolegów oraz koleżanek. Jeśli skończyli studia 10, 15 albo 20 lat później niż Ty albo 10, 15, 20 lat wcześniej niż Ty, mają inną wiedzę. Warto się z nią zaznajomić.

Po czwarte: Nie porównuj się z innymi! Przede wszystkim nie stosuj porównań wartościujących: „Ta jest zdolniejsza, a tamten lepszy ode mnie". Stąd równia pochyła prowadzi do stwierdzenia: „Jestem gorszy od innych", a potem: „Jestem najgorszy ze wszystkich". Nie przesadź też w drugą stronę. Co zatem robić?... Doceniaj swoje postępy. Codziennie zdobywamy większe doświadczenie, codziennie czegoś się uczymy, nawet mimowolnie. To już daje powód do budowania dobrego zdania o sobie. Porównuj siebie z dzisiaj do siebie z wczoraj. A nie siebie do kolegi czy koleżanki. To ślepa uliczka! Zawsze znajdzie się ktoś, kogo uznamy za mądrzejszego lub ładniejszego. Będzie tak tylko dlatego, że osoba, o której pomyślimy, jest po prostu inna. Doceniaj jej zalety, lecz szanuj także swoje. Pamiętaj, że to, co potrafisz, tylko Tobie wydaje się zwyczajne. Dla wielu jest nieprzeciętne i godne podziwu.

Po piąte: Wyznaczaj realistyczne cele i dąż do ich osiągnięcia! Często zdarza się nam myśleć wyłącznie życzeniowo, a więc: „Chciałbym wygrać na loterii", „Chciałbym pojechać do Australii", „Chciałbym mieć piękny dom"… To tylko życzenia, nie cele. Równie dobre jak: „Chciałbym w ciągu kilku sekund znaleźć się na Księżycu". Jeśli czegoś pragniesz, niech to będzie możliwe do urzeczywistnienia i sformułowane w postaci celu, a nie zachcianki. Stawianie celów to umiejętność, której warto się nauczyć! Tylko wówczas będziesz miał szansę zrealizować marzenia.

Po szóste: Przykładaj się do pracy, ale nie wpadnij w pułapkę perfekcjonizmu! Żeby praca była efektywna, powinna sprawiać przyjemność. Nie poprzestawaj na tym, za co Ci płacą, ale staraj się zrobić coś więcej. Wykazuj się inicjatywą. Nie wymagaj jednak od siebie niemożliwego, czyli bezwzględnej perfekcji we wszystkim. Perfekcjonista uważa, że zawsze wszystko można zrobić lepiej, szybciej, dokładniej... Nie da się go zadowolić. Próby sprostania przesadnym wymaganiom prowadzą jedynie do frustracji. Nie jesteś, ale też nie musisz być nieomylny. Pracuj z oddaniem, jednak pogódź się z tym, że od czasu do czasu zrobisz błąd. Trzymaj się kierunku, ale wybaczaj sobie drobne odchylenia od kursu. Każdy ma prawo do pomyłek i niezbyt szczęśliwych decyzji. Ty także.

Po siódme: Znajdź hobby! Czyli zajęcie, które się wykonuje dla przyjemności, mimo że najczęściej nie przynosi żadnych profitów. Zadowolenie z uprawiania hobby jest tak duże, że jeśli je dla siebie odkryjemy, gotowi jesteśmy zainwestować spore pieniądze w jego rozwój. Poświęcamy mu także znaczną część naszego wolnego czasu. Dzięki hobby możemy poznać grupę ludzi, z którymi zwiążemy się towarzysko. Wspólne bieganie, plenery artystyczne, kluby filmowe i książkowe sprawiają wszystkim uczestnikom dużo radości. Staje się to bardzo ważne w momencie, kiedy mamy mniejszą możliwość osobistego kontaktu z innymi ludźmi, bo pracujemy w domu, opiekujemy się dziećmi lub jesteśmy na emeryturze.

Być może dojdzie do tego, że pasja będzie wypełniać niemal cały Twój czas, a w końcu stanie się Twoim zawodem. Zarabianie na tym, co sprawia przyjemność, przynosi ogromną satysfakcję i wzmacnia wiele pozytywnych cech. Przykładów jest mnóstwo. Jednym z nich może być wspominany już w naszych wykładach podróżnik Marek Kamiński. Ilu z nas wie, że studiował filozofię i fizykę?... Pewnie nieliczni. Za to niemal wszyscy kojarzymy go z jego pasją, którą są podróże. Jak pisze nieco żartobliwie na swojej stronie internetowej, pierwszą samodzielną podróż, z Gdańska, w którym mieszkał, do Łodzi, odbył w wieku ośmiu lat. Prawdziwe wyprawy zaczął podejmować w liceum: frachtowcem do Danii, potem do Maroka, a w kolejnych latach do Meksyku i na

Spitsbergen. Teraz podróże są jego znakiem rozpoznawczym.

Po ósme: Ciesz się z tego, co masz! Buduj obraz własnego życia z osiągnięć, a nie z braków. Koncentruj się na radościach życia, a nie na jego cieniach. Nawet jeśli nie jest Ci łatwo, wiele przedsięwzięć, które podejmujesz, kończy się powodzeniem. Naucz się dostrzegać pogodę za oknem, uśmiech małżonka, radosną zabawę dziecka, śmieszną sytuację na ulicy czy oryginalne ubranie mijanego przechodnia. Ciesz się z tego, co masz, a będziesz żyć z radością.

Po dziewiąte: Utrzymuj serdeczne relacje z otoczeniem! Popatrz życzliwie wokół. Pamiętaj, że otaczają Cię inni ludzie, którzy podobnie jak Ty myślą i czują. Pomagaj, rozmawiaj, słuchaj. Dobro, które okażesz, wróci do Ciebie ze zwielokrotnioną siłą. Nie oznacza to, że za wszelką cenę masz starać się, żeby wszyscy Cię polubili. Pomyśl, czy Ty jednakowo lubisz wszystkich?... Prawdopodobnie nie! Być może wszystkich szanujesz, i to jest dobry kierunek. Nie rezygnuj ze swojego ja, ale cokolwiek robisz, bierz pod uwagę innych. Staraj się, by Twoje postępowanie nikogo nie krzywdziło.

Przestrzegaj tych zaleceń i nie zniechęcaj się krytyką! Nie zawsze jest destrukcyjna. Wielu z nas sądzi, że krytyka to przede wszystkim wytykanie błędów. Warto jednak zwrócić uwagę, że słowo to pochodzi od greckiego kritikos – osądzać, a kritike techne oznacza sztukę sądzenia. To zmienia postać rzeczy! Osąd może być zarówno pozytywny, jak i negatywny.

Trzeba mieć w sobie wiele miłości, aby nasza krytyka skierowana przeciwko innemu człowiekowi wyszła mu na dobre. MIKOŁAJ GOGOL

W życiu stykamy się z dwoma rodzajami krytyki: niekonstruktywną i konstruktywną. Czym się różnią?... Krytyka niekonstruktywna ma wyłącznie negatywne konsekwencje. Powoduje obniżenie poczucia własnej wartości. Krytyk wykazuje się agresją, koncentruje się na wyliczaniu wad osoby, a nie na ocenie zdarzeń. Generalizuje. Osoba krytykowana zamiast skupić się na błędach i szukaniu możliwości ich naprawienia, może uznać, że do niczego się nie nadaje. Przekonana o własnej nieskuteczności zacznie obawiać się podjęcia jakichkolwiek dalszych działań. Może też wycofać się z kontaktów z ludźmi albo atakować wszystkich dookoła w poszukiwaniu winnego.

Jak się zachować, jeśli ktoś użyje wobec nas krytyki niekonstruktywnej?… Przede wszystkim nie odpowiadajmy agresją na agresję. To pomysł najgorszy z możliwych. Jeśli wypracowaliśmy w sobie samoświadomość, taka krytyka nie zrobi nam krzywdy, ponieważ będziemy potrafili trafnie ją zdiagnozować. Spokojnie poprośmy jej autora o przedstawienie konkretnych zarzutów. Zadajmy w tym celu kilka rzeczowych pytań, na przykład: „Co dokładnie źle zrobiłem?", „Na czym polegał błąd?", „Czy postąpiłem wbrew wcześniejszym ustaleniom?", „Czy masz dla mnie jakieś konkretne propozycje?". Konieczność odpowiedzi na te pytania spowoduje, że nieprzyjemna rozmowa może się przerodzić w twórczą dyskusję.

Inaczej rzecz się ma z krytyką konstruktywną. Takiej należy wysłuchać z uwagą. Nie jest skierowana przeciwko człowiekowi. Wskazuje konkretne błędy i niedociągnięcia oraz podpowiada rozwiązania lub kierunki działań, które umożliwią poprawę sytuacji. Taką krytyką się nie zniechęcaj. Pamiętaj, że każdy robi błędy! Nie ma i nie było na świecie człowieka, który by tego uniknął! Nie zrażaj się więc. Z błędów wyciągaj wnioski, a z krytyki naukę!

Narrator
Warto tak budować, pielęgnować i wzmacniać pozytywne mniemanie o sobie, by żadna niewłaściwa krytyka go nie zniszczyła. Masz prawo czuć się wartościowym człowiekiem. Błędy zdarzają się każdemu, osobie krytykującej też. Ocena powinna dotyczyć zdarzeń, nie cech człowieka. Nawet jeśli coś Ci się nie powiodło, bez Twojego wewnętrznego przyzwolenia nikt nie może sprawić, że poczujesz się gorszy. Nikt. Zapamiętaj to zdanie i przypominaj je sobie w trudnych chwilach. Zastanów się teraz, jak Ty wpływasz na innych ludzi?... Jak reagujesz na ich gorszy dzień, trudności w myśleniu, błędną decyzję?... Czy rodzajem krytyki nie sprawiasz, że czują się gorsi?... Dbaj zawsze o to, by osoba krytykowana nie czuła się poniżona, a po rozmowie z Tobą miała chęć do dalszych działań.

Prelegent
Jeśli będziesz dobrze myślał o sobie, staniesz się silniejszy i porażki nie będą Cię załamywać. Wewnętrzna siła i szacunek dla siebie pozwolą Ci pokonywać największe trudności. Przykładem osoby, której poczucie własnej wartości zostało wystawione na wyjątkowo ciężką próbę, jest Nelson Mandela, były prezydent Republiki Południowej Afryki i laureat Pokojowej Nagrody Nobla. Mandela, potomek dynastii królewskiej ludu Thembu, jako pierwszy w rodzinie rozpoczął systematyczną edukację szkolną. Ukończył studia prawnicze. Już w młodości zaangażował się w działania na rzecz praw politycznych, społecznych i ekonomicznych czarnoskórej większości w RPA. W 1962 roku za działalność w Afrykańskim Kongresie Narodowym został aresztowany i skazany na dożywocie. W więzieniu spędził 27 lat. Tak długa izolacja nieodwracalnie zniszczyłaby poczucie własnej wartości większości ludzi. Jednak on nie załamał się i nie stracił wiary w siebie. Z więzienia nadal kierował walką w słusznej sprawie. Ogromne naciski instytucji międzynarodowych i organizacji w wielu krajach spowodowały, że w 1990 roku Mandela

odzyskał wolność i ponownie objął przywództwo Afrykańskiego Kongresu Narodowego. Jego uwolnienie stało się symbolem upadku apartheidu – systemu segregacji rasowej. W 1994 roku, w wyniku pierwszych wolnych wyborów, Nelson Mandela został pierwszym czarnoskórym prezydentem w historii RPA. Zdobył międzynarodowe uznanie, którego ukoronowaniem było przyznanie mu w 1993 roku Pokojowej Nagrody Nobla. Po odejściu z życia politycznego były prezydent zaangażował się w działalność społeczną, między innymi w kampanię na rzecz walki z AIDS. Dopiero w wieku 85 lat, po wieloletniej walce o kraj wolny od przemocy, chorób i nieszczęść, postanowił poświęcić się sprawom osobistym.

Nigdy, nigdy, nigdy się nie poddawaj. WINSTON CHURCHILL

Przypomnienie w tym miejscu sylwetki Nelsona Mandeli jest jak najbardziej celowe. Trudno znaleźć drugiego człowieka, który przez prawie 30 lat pobytu w więzieniu potrafił zachować pogodę ducha i nieugiętą wolę. Te cechy nie zawiodły go nigdy. Krzywdy i niesprawiedliwości, które dostrzegał i których doświadczył osobiście, utwierdzały go w przekonaniu o słuszności podjętej walki i wzmacniały jego poczucie własnej wartości.

Nad poczuciem własnej wartości pracujemy przez całe życie. Dobrą metodą jest fundowanie sobie cotygodniowych spotkań z samym sobą i przeprowadzanie czegoś, co można nazwać rachunkiem sumienia, a co w rzeczywistości jest rozmową z wewnętrznym „ja". Najlepiej to robić w weekend, kiedy możemy sobie zapewnić kilkadziesiąt minut spokoju i odosobnienia. Warto wtedy zastanowić się nad minionym tygodniem: „Za co mogę sobie postawić najwyższą notę?", „Co nie powinno się zdarzyć?". „Czy miałem na to jakiś wpływ?". Takie przemyślenia, prowadzone z pełną życzliwością dla siebie, pozwolą na bieżąco naprawiać błędy, weryfikować plany i korygować działania. To pomoże nam nie zboczyć z kursu, bo wtedy zaczęlibyśmy dryfować daleko od wartości nadrzędnych i obranych celów.

Współczesne czasy, szczególnie w okresach nawiedzających nas cyklicznie kryzysów ekonomicznych, są pełne zagrożeń dla poczucia ludzkiej godności i wartości. Trudno jest dobrze myśleć o sobie i wierzyć w siebie, gdy traci się bliską osobę, przyjaciół, majątek lub pracę. Tym bardziej, jeśli te straty się skumulują. Nie pozwólmy jednak, by nawet tak przykre doświadczenia na trwałe obniżyły naszą samoocenę! Nie gódźmy się na to! Człowiek może postąpić źle... może stracić wszystko... wszystko, ale nie swoją wartość!

Wartość ta wynika z samego faktu bycia człowiekiem i o tym musimy pamiętać!

Narrator
Szczęśliwe życie opiera się na zdrowym poczuciu własnej wartości. Na jego poziom wpływają wydarzenia w sferze osobistej, rodzinnej i zawodowej na różnych etapach życia, poczynając od dzieciństwa. Aby poczucie własnej wartości miało dobre podstawy, warto wyznaczać dzieciom codzienne obowiązki dostosowane do ich wieku i stawiać przed nimi realne krótkoterminowe cele, za których osiągnięcie będziemy mogli je pochwalić.

Im bardziej optymalna jest nasza samoocena, tym lepiej i efektywniej będziemy mogli wykorzystać swój potencjał. Aby chwilowe niepowodzenia nie prowadziły do trwałej negatywnej zmiany poczucia własnej wartości, warto pracować jednocześnie nad trzema jego obszarami. Są nimi: samoświadomość, akceptacja siebie i pozytywne myślenie. Można je wzmocnić na przykład poprzez afirmowanie.

Przypomnijmy, jakimi wskazówkami się kierować, by wzmocnić i utrzymać na optymalnym poziomie poczucie własnej wartości: dbaj o swój wygląd; pracuj nad mową ciała; zdobywaj wiedzę i umiejętności; wyznaczaj realistyczne cele i wytrwale zmierzaj do ich osiągnięcia; przykładaj się do pracy, ale nie wpadaj w pułapkę perfekcjonizmu; znajdź hobby; ciesz się z tego, co masz; dbaj o serdeczne relacje z otoczeniem. Przede wszystkim jednak nie zniechęcaj się krytyką i nie porównuj się z innymi! Pamiętaj, nie jesteś podobny do nikogo, tak jak nikt nie jest podobny do Ciebie! Jesteś niepowtarzalny i jedyny w swoim rodzaju! Jak każdy z nas. Jeśli zaczniesz przestrzegać tych wskazówek, tylko krok będzie Cię dzielić od akceptacji siebie, czyli od… odmowy bycia swoim wrogiem.

Część utrwalająca

Porady
1. Poszukaj dla poczucia wartości mocnego fundamentu. Dzięki temu nie będzie ono ulegać znacznym wahaniom.
2. Eliminuj albo przynajmniej ograniczaj negatywne emocje i zachowania.
3. Unikaj ludzi, którzy wpływają na Ciebie toksycznie.
4. Nie narzekaj.
5. Jeśli musisz wyrazić ocenę negatywną, oceniaj konkretne zdarzenie, nie człowieka.
6. Zaakceptuj swój wygląd. Dbaj o kondycję fizyczną i psychiczną.
7. Pracuj z wyczuciem nad mową ciała.
8. Kształć się, zdobywaj nową wiedzę i umiejętności.
9. Nie porównuj się z innymi.
10. Wyznaczaj realistyczne cele i dąż do ich osiągnięcia.
11. Przykładaj się do pracy, ale nie wpadaj w pułapkę perfekcjonizmu.
12. Znajdź hobby.

13. Ciesz się z tego, co masz.
14. Utrzymuj serdeczne relacje z otoczeniem.

Quiz

Znalezienie odpowiedzi na pytania dotyczące wykładu pomoże Ci zapamiętać i utrwalić zawarte w nim treści. Postaraj się odpowiadać samodzielnie, jeśli jednak okaże się, że na któreś z pytań nie znasz odpowiedzi, zajrzyj do tekstu wykładu lub przesłuchaj go jeszcze raz. Odszukasz tam potrzebne informacje. W pytaniach otwartych posłuż się swoją wiedzą i doświadczeniem. Klucz z odpowiedziami znajdziesz na s. 115.

1. **Co to jest poczucie własnej wartości?**
   a) ocena, jaką wystawiamy sami sobie
   b) opinie o nas innych ludzi
   c) przekonanie o wyższości nad innymi ludźmi
   d) przekonanie o wyższości innych ludzi nad nami

2. **Lekceważenie innych, egoizm, nonszalancja i agresja mogą cechować:**
   a) wyłącznie osoby o zbyt wysokim poczuciu wartości
   b) wyłącznie osoby o zbyt niskim poczuciu własnej wartości
   c) osoby o zrównoważonym poczuciu własnej wartości
   d) zarówno osoby o zbyt niskim, jak i zbyt wysokim poczuciu własnej wartości

3. **Nathaniel Branden, prekursor wiedzy o samoocenie, rozumiał akceptację siebie jako:**
   a) znakomitą ocenę własnej osoby w każdej sytuacji i każdej sferze
   b) przekonanie o własnej doskonałości
   c) odmowę bycia swoim wrogiem
   d) pobłażanie sobie

4. Połącz linią poziom akceptacji z odpowiednią definicją (zgodnie z teorią Nathaniela Brandena).

| A) poziom I | a) uzmysłowienie sobie własnego życia psychicznego, świadome życie wewnętrzne |

| B) poziom II | b) poszanowanie siebie jako istoty ludzkiej i troska o siebie |

| C) poziom III | c) rozumienie strategii myślenia i motywów swojego działania |

5. **Co oznacza greckie pojęcie *kritike techne*?**
   a) krytykę technologii
   b) krytyczne spojrzenie na rzeczywistość
   c) krytykanctwo
   d) sztukę sądzenia

6. **Słowo „krytyka" obejmuje:**
   a) wyłącznie ocenę negatywną
   b) wyłącznie opis (postępowania, sytuacji, produktu, osoby itp.) pozbawiony oceny
   c) zarówno ocenę pozytywną, jak i negatywną
   d) wyłącznie ocenę pozytywną

7. **Poczucie własnej wartości można wypracować. Wpisz (lub przepisz z wykładu) 9 postulatów istotnych w pracy nad poczuciem własnej wartości:**

a) . . . .

b) . . . .

c) . . . .

d) ....

e) ....

f) ....

g) ....

h) ....

i) ....

8. **Perfekcja to doskonałość w wykonywaniu czegoś. Co to jest perfekcjonizm?**
   a) bardzo dobre wykonywanie swojej pracy
   b) szukanie najlepszego rozwiązania
   c) brak tolerancji dla błędów innych
   d) przesadne dążenie do osiągnięcia doskonałości

9. Wymień cztery pozytywne cechy krytyki konstruktywnej.

a) ....

b) ....

c) ....

d) ....

10. W którym roku Nelson Mandela, laureat Pokojowej Nagrody Nobla, został (pierwszym czarnoskórym) prezydentem Republiki Południowej Afryki?
a) 1992
b) 1993
c) 1994
d) 1995

Ćwiczenie 1

Bez zastanawiania się, w takiej kolejności, w jakiej przyjdą Ci do głowy, wpisz 10 cech, które uważasz za swoje. Obojętnie, czy będą to zalety, czy wady.

1. ....

2. ....

3. ....

4. ....

5. ....

6. ....

7. ....

8. ....

9. ....

10. ....

Postaw plus przy każdej cesze dodatniej (zalecie). Teraz policz, ile cech jest dodatnich, a ile ujemnych. Które przeważają na pierwszych pięciu miejscach? Jeśli na liście wpisałeś więcej cech dodatnich niż ujemnych (nie więcej jednak niż 7) i przynajmniej 3 z nich znalazły się w pierwszej piątce, masz wystarczająco wysokie poczucie wartości. Wystarczy o nie dbać i utrzymywać na tym poziomie. Jeśli rozpocząłeś listę od cech negatywnych i jest ich od 5 do 7, powinieneś nad swoim poczuciem wartości popracować, bo jest zbyt niskie.

Ćwiczenie 2

Każdy z nas lubi pochwały (szczere pochwały, a nie fałszywe pochlebstwa). Czy ćwiczenie 2 potrafisz dawać je sam sobie? Spróbuj wymyślić kilka rzetelnych pochwał za coś, co robisz (zrobiłeś) naprawdę dobrze. Dopisz imiona przynajmniej dwóch osób, które Ci w tym pomogły. Mogą to być osoby, które wspólnie z Tobą pracują (pracowały), lub takie, które Cię do działania zainspirowały i wspierały psychicznie w chwilach zwątpienia.

. . . .

. . . .

. . . .

. . . .

. . . .

. . . .

. . . .

Ćwiczenie 3

Narzekasz? Zapewne! Każdy narzeka. Niektórzy rzadziej, inni częściej. Można się tego oduczyć, jeśli zaczniemy zauważać, że właśnie narasta w nas chęć do narzekania. Pomaga w tym opracowanie i przypominanie sobie znaczka: Stop narzekaniu! Zaprojektuj go. Staraj się, by był kolorowy i miał dużo szczegółów. Najpierw wypróbuj jego działanie na innych. Ile razy zauważysz, że ktoś narzeka, przywołaj w myślach ten znaczek i spróbuj skierować rozmowę na inne tory. Następnie postaraj się zauważać momenty, kiedy Ty przechodzisz w narzekanie. Przywołaj wtedy z pamięci ten sam znaczek i sam zmień temat lub kierunek rozmowy.

Ćwiczenie 4

Zwykle łatwo stwierdzić, czy lubimy jakiegoś człowieka, czy też nie. Potrafimy ćwiczenie 4 też podać argumenty na poparcie swojego zdania (mniej lub bardziej sprawiedliwe). Rzadziej zastanawiamy się, czy lubimy siebie, osobę, z którą w końcu jesteśmy przez całe życie. W pierwszej linijce przepisz zdanie: Lubię siebie! W następnych zapisz, za co siebie lubisz! Pomyśl dobrze, na pewno znajdziesz argumenty.

Ćwiczenie 5

Wysłuchany przez Ciebie wykład zawierał dziewięć prostych rad, które pomagają wzmocnić poczucie własnej wartości. Ułóż je w następującej kolejności: od najbardziej do najmniej Tobie potrzebnej.

Zaakceptuj swój wygląd!
Pracuj z wyczuciem nad mową ciała!
Kształć się, zdobywaj nową wiedzę i nowe umiejętności!
Nie porównuj się z innymi!
Wyznaczaj realistyczne cele i dąż do ich osiągnięcia!
Przykładaj się do pracy, ale nie wpadnij w pułapkę perfekcjonizmu!
Znajdź hobby!
Ciesz się z tego, co masz!
Utrzymuj serdeczne relacje z otoczeniem!

1. . . . .

2. . . . .

3. . . . .

4. . . . .

5. . . . .

6. . . . .

7. . . . .

8. . . . .

9. . . . .

Ćwiczenie 6

W wykładzie usłyszałeś krótką biografię Nelsona Mandeli. To rzeczywisty przykład osoby, która zachowała poczucie własnej wartości mimo trudnego życia. Spróbuj wymienić kilka osób: znanych z historii, mediów lub z Twojego własnego otoczenia, o których możesz powiedzieć to samo. Jeśli chcesz, dopisz uzasadnienie swego sądu.

Osoba . . . .

Uzasadnienie . . . .

. . . .

. . . .

. . . .

Osoba. . . . .

Uzasadnienie . . . .

. . . .

. . . .

. . . .

Osoba. . . . .

Uzasadnienie . . . .

. . . .

. . . .

. . . .

Przemyślenia

Poniżej są zamieszczone fragmenty wykładu, które mogą stanowić materiał do osobistych przemyśleń. Pod każdym znajdziesz krótkie zaproszenie do dyskusji i miejsce na komentarz. Unikaj ogólników. Staraj się, by Twoja wypowiedź była jak najbardziej konkretna i konstruktywna.

Inspiracja 1

Nad poczuciem własnej wartości warto pracować przez całe życie, by nie załamało się pod wpływem napotykanych trudności albo po kilku kolejnych osiągnięciach nie przechyliło się w stronę pyszałkowatego samozadowolenia.

Poczucie własnej wartości bez przerwy ulega wahaniom. Najlepiej, by amplituda tych wahań była niewielka, a poczucie własnej wartości pomagało nam realizować własne plany. Byśmy dzięki niemu nie bali się porażki i potrafili poruszać się nawet w niezbyt przyjaznym środowisku. Powinniśmy jednak uważać na zagrożenie, jakim jest zbytnia pewność siebie, grożąca pyszałkowatością. Czy zaobserwowałeś u siebie zmiany w odczuwaniu własnej wartości? Co je spowodowało?

....

....

....

....

....

....

....

....

....

....

....

Inspiracja 2

Każdy z nas ma w swoim umyśle obraz siebie idealnego. To taki zbiór oczekiwań wobec własnej osoby. Są one ogromne! Często nieprzystające do rzeczywistości. Z tej niezgodności między naszym wyobrażeniem o sobie a rzeczywistością wynikają trzy rodzaje samooceny: zawyżona, zaniżona i zrównoważona, czyli ta właściwa.

Jesteśmy bardzo różni, a więc każdy z nas nosi w sobie inny obraz siebie jako ideału. Nie zawsze uświadomiony. Mówimy sobie głośno lub w myślach: powinienem to, powinnam tamto, ale czy świadomie zastanawialiśmy się kiedykolwiek, jaki zbiór cech chcielibyśmy posiadać. Jeśli nie, spróbuj to zrobić teraz. Opisz siebie w wersji idealnej.

. . . .

. . . .

. . . .

. . . .

Inspiracja 3

Kompleksy, które niszczą poczucie własnej wartości, mają różne źródła. Statystycznie najbardziej wstydzimy się wyglądu, a następnie: pochodzenia, wykształcenia oraz rodziny... To w dużej mierze spadek po czasach feudalnych i podziałach klasowych, kiedy urodzenie z mocy prawa determinowało przyszłość człowieka. Myślisz, że to już historia?... Niestety, nie...

Mamy demokrację i wydaje się, że urodzenie nie powinno decydować o przyszłości człowieka. W większości miast, miasteczek i wsi dzieci i młodzież, bez względu na status rodziny, uczą się w tej samej szkole. Czy więc kompleksy wynikające z pochodzenia i wykształcenia są pozbawione racji? Czy w naszym społeczeństwie klasowość istnieje tylko w przepisach prawa, czy też można ją zaobserwować również w rzeczywistości? Czy kiedyś poczułeś się gorszy lub lepszy od innych? Czy zauważyłeś takie postawy w swoim otoczeniu?

Inspiracja 4

Warto wspomnieć o ogromnym wpływie samooceny na związki uczuciowe. Obniżone poczucie własnej wartości nie pozwala cieszyć się miłością i znalezieniem właściwego partnera życiowego. Człowiek, który nie wierzy we własną wartość, podświadomie jest przekonany, że nie zasługuje na miłość.

Życie z człowiekiem, który ma obniżone poczucie własnej wartości, jest bardzo trudne. Jak bowiem przekonać kogoś o uczuciu, jeśli zapewnienia nie wystarczają? Co może być niepodważalnym dowodem miłości? Ciągła obecność? Rezygnacja z wszelkich własnych planów? Całkowite podporządkowanie? Zapewne nie. Spełnienie jednego warunku natychmiast zrodzi następne. To krzywdzące i destrukcyjne. Czy można zaradzić takiej sytuacji? Czy taki związek ma szansę przetrwać? Co zrobić, żeby zapobiec zerwaniu więzów?

. . . .

.

. . . .

Inspiracja 5

Przesadne wymagania mogą całkowicie zrujnować poczucie własnej wartości młodego człowieka. Tak jak wcześniej chciał zasłużyć na pochwałę wymagających rodziców, tak później chce być chwalony przez innych ludzi – nauczycieli, szefów, partnerów. Skupia na tym całą energię. Odczuwa strach, że jego pomysły nie znajdą uznania, więc ogranicza naturalną kreatywność. Rezultatem jest jeszcze większy brak pewności siebie oraz kłopoty z nawiązaniem zdrowych relacji z innymi.

Wszyscy lubimy pochwały (to, czy się do tego przyznajemy, to już zupełnie inna sprawa), nie wszyscy jednak jesteśmy od nich uzależnieni. Na ile zależy Ci na pochwałach? Czy boisz się ich braku? Czy potrafisz realizować własne plany, bez względu na to, czy Twoje pomysły spodobają się najbliższym lub otoczeniu, w którym przebywasz? Czy często zdarza Ci się ustąpić, byle tylko usłyszeć dobre słowa o sobie? Później tego żałujesz czy też słowa pochwały wszystko Ci rekompensują?

. . . .

Inspiracja 6

Proces akceptowania siebie zacznijmy od akceptacji własnego wyglądu. Obecnie ludzie przywiązują zbyt wielką wagę do tak zwanego ideału urody. Powstał jakiś kanon, wymyślony przez studia mody, wymagający niezwykłej chudości, odpowiednich proporcji ciała, braku zmarszczek, określonego kształtu twarzy, i nie wiadomo czego jeszcze.

Najpóźniej w wieku dojrzewania zauważamy jak dalece nasz wygląd odbiega od ideału. Podobają nam się inne proporcje sylwetki i inne rysy twarzy niż te, które mamy. Dotyczy to nawet modelek i modeli, którym powszechnie zazdrości się urody. Czy to świadczy o naszej próżności? Czy może wydaje nam się, że wygląd bardziej zbliżony do kanonu urody zapewniłby nam życie lepsze i ciekawsze? W czym pomaga uroda, a w czym przeszkadza? Czy stanowi niezbędny warunek satysfakcjonującego życia?

. . . .

. . . .

Inspiracja 7

Zaprzestanie narzekania jest jednym z warunków szczęśliwego życia. W tym celu warto zastosować znany od dawna mechanizm. Zgodnie z nim – nasze myślenie wpływa na nasz byt. Zacznijmy więc wierzyć, że wszystko potoczy się dobrze. Powtarzajmy to codziennie. Wyobrażajmy sobie tylko szczęśliwe zakończenia. Spróbujmy odnajdywać w otaczającym nas świecie to, co najlepsze. Starajmy się nie tracić z oczu tego, co ważne, wartościowe i pozytywne w naszym życiu.

Skłonności do narzekania można się pozbyć. Dlaczego więc wielu ludzi nawet tego nie próbuje? Zapewne dlatego, że narzekanie w pewien sposób chroni przed odpowiedzialnością. Jeśli kładziemy nacisk na niesprzyjające warunki (pogodę, brak pieniędzy, czyjeś niewłaściwe zachowanie itp.), łatwo usprawiedliwiamy niechęć do zmian w swoim życiu. Zastanów się, jak często narzekasz? Czy zdarza Ci się ucieczka w narzekanie, gdy coś Ci się nie powiedzie? Co można zrobić w trudnej sytuacji zamiast narzekania?

Inspiracja 8

Utrzymuj serdeczne relacje z otoczeniem! Popatrz życzliwie wokół. Pamiętaj, że otaczają Cię inni ludzie, którzy podobnie jak Ty myślą i czują. Pomagaj, rozmawiaj, słuchaj. Dobro, które okażesz, wróci do Ciebie ze zwielokrotnioną siłą. Nie oznacza to, że za wszelką cenę masz starać się, żeby wszyscy Cię polubili.

Czy potrzebne są nam serdeczne relacje z innymi? Niektórzy twierdzą, że nic nie chcą od innych, więc nie muszą nic nikomu oferować. Czy myślisz, że ta postawa jest właściwa? Dlaczego mamy dbać o dobre samopoczucie innych ludzi? Czy jest jakiś powód? Jak Ty się czujesz, gdy ktoś Cię ignoruje, zachowuje się niegrzecznie lub nieżyczliwie wobec Ciebie? A czy zdarza się, że Twoje zachowanie sprawia innym przykrość?

Rozwiązanie quizu ze s. 81
1. a – ocena, jaką wystawiamy sami sobie
2. d – zarówno osoby o zbyt niskim, jak i zbyt wysokim poczuciu własnej wartości
3. c – odmowę bycia swoim wrogiem
4. A – b, B – a, C – c
5. d – sztukę sądzenia
6. c – zarówno ocenę pozytywną, jak negatywną
7. Zaakceptuj swój wygląd! Pracuj z wyczuciem nad mową ciała! Kształć się, zdobywaj nową wiedzę i umiejętności! Nie porównuj się z innymi! Wyznaczaj realistyczne cele i dąż do ich osiągnięcia! Przykładaj się do pracy, ale nie wpadaj w pułapkę perfekcjonizmu! Znajdź hobby! Ciesz się z tego, co masz! Utrzymuj serdeczne relacje z otoczeniem!
8. d – przesadne dążenie do osiągnięcia doskonałości
9. a) nie jest skierowana przeciwko człowiekowi
   b) wskazuje konkretne błędy
   c) podpowiada rozwiązania lub kierunki działań
10. umożliwia poprawę sytuacji
11. c – 1994

Notatki

Notatki

Notatki

Słowniczek

afirmacja
Zdanie, które wielokrotnie powtarzane wpływa na osobowość człowieka. Zdanie powinno być sformułowane w formie twierdzącej i w czasie teraźniejszym.

akceptacja
Tutaj: pogodzenie się z czymś, czego nie można zmienić. Także: akceptowanie swoich niedoskonałości.

akceptacja siebie (samoakceptacja)
Danie sobie prawa do bycia sobą i wiara w to, że się jest człowiekiem kompletnym.

apartheid
Polityka segregacji rasowej oraz dyskryminacja czarnoskórej ludności w Republice Południowej Afryki. Miała na celu utrzymanie dominacji białych i zapewnienie im uprzywilejowanej pozycji w społeczeństwie.

dialog wewnętrzny
Rozmowa z samym sobą, kluczowe narzędzie pracy nad samorozwojem. Narzędzie, które może być wykorzystane w pracy nad wzmocnieniem poczucia własnej wartości.

hobby
Zajęcie wykonywane z przyjemnością, nawet jeśli nie przynosi wymiernego zysku.

krytyka
Istnieją dwa rodzaje krytyki: niekonstruktywna (ma wyłącznie negatywne konsekwencje i powoduje obniżenie poczucia własnej wartości) i konstruktywna (nie jest skierowana przeciwko człowiekowi, wskazuje konkretne błędy i niedociągnięcia oraz podpowiada rozwiązania lub kierunki działań, które umożliwią poprawę sytuacji).

mechanizmy obronne
Sposoby na opanowywanie wewnętrznych konfliktów. Mają na celu ochronę osobowości, obniżenie lęku, osłabienie frustracji lub poczucia winy.

poczucie własnej wartości
Stan psychiczny i postawa wobec siebie wpływające na nastrój oraz zachowania, wynikające z ogólnej oceny siebie, czyli samooceny.

potencjał
Tu: znajdujący się w każdym człowieku ładunek mocy i możliwości twórczych.

poznanie siebie
Przyjrzenie się własnym myślom, odczuciom i pragnieniom bez cenzorowania ich oraz uświadomienie sobie, co tak naprawdę myślimy, jak przeżywamy kolejne doświadczenia, o czym marzymy.

pozytywne myślenie
Świadome zauważanie pozytywnych aspektów każdej sytuacji, dostrzeganie w ludziach i zdarzeniach ich dobrych stron.

samoocena
Ocena samego siebie, na podstawie której powstaje w umyśle obraz własnej osoby. Może być zawyżona, zaniżona bądź optymalna (zrównoważona).

samoświadomość
Wynikająca z poznania siebie świadomość swoich mocnych i słabych stron, zalet i wad oraz możliwości.

świadomość
Stan psychiczny, w którym człowiek zdaje sobie sprawę z procesów wewnętrznych oraz zjawisk zachodzących w środowisku zewnętrznym.

wychowanie
Świadome oddziaływanie na człowieka w celu uczenia odpowiednich zachowań.

wyznaczanie granic
Działanie wychowawcze mające na celu ograniczenie aktywności dziecka do sfer, które są dla niego bezpieczne.

Źródła i inspiracje

Albright M., Carr C., *Największe błędy menedżerów*, Warszawa 1997.

Allen B.D., Allen W.D., *Formuła 2+2. Skuteczny coaching*, Warszawa 2006.

Anderson Ch., *Za darmo: przyszłość najbardziej radykalnej z cen*, Kraków 2011.

Anthony R., *Pełna wiara w siebie*, Warszawa 2005.

Ariely D., *Zalety irracjonalności. Korzyści z postępowania wbrew logice w domu i pracy*, Wrocław 2010.

Bates W.H., *Naturalne leczenie wzroku bez okularów*, Katowice 2011.

Bettger F., *Jak umiejętnie sprzedawać i zwielokrotnić dochody*, Warszawa 1995.

Blanchard K., Johnson S., *Jednominutowy menedżer*, Konstancin-Jeziorna 1995.

Blanchard K., O'Connor M., *Zarządzanie poprzez wartości*, Warszawa 1998.

Bogacka A.W., *Zdrowie na talerzu*, Białystok 2008.

Bollier D., *Mierzyć wyżej. Historie 25 firm, które osiągnęły sukces, łącząc skuteczne zarządzanie z realizacją misji społecznych*, Warszawa 1999.

Bond W.J., *199 sytuacji, w których tracimy czas, i jak ich uniknąć*, Gdańsk 1995.

Bono E. de, *Dziecko w szkole kreatywnego myślenia*, Gliwice 2010.

Bono E. de, *Sześć kapeluszy myślowych*, Gliwice 2007.

Bono E. de, *Sześć ram myślowych*, Gliwice 2009.

Bono E. de, *Wodna logika. Wypłyń na szerokie wody kreatywności*, Gliwice 2011.

Bossidy L., Charan R., *Realizacja. Zasady wprowadzania planów w życie*, Warszawa 2003.

Branden N., *Sześć filarów poczucia własnej wartości*, Łódź 2010.

Branson R., *Zaryzykuj – zrób to! Lekcje życia*, Warszawa-Wesoła 2012.

Brothers J., Eagan E, *Pamięć doskonała w 10 dni*, Warszawa 2000.

Buckingham M., *To jedno, co powinieneś wiedzieć... o świetnym zarządzaniu, wybitnym przywództwie i trwałym sukcesie osobistym*, Warszawa 2006.

Buckingham M., *Wykorzystaj swoje silne strony. Użyj dźwigni swojego talentu*, Warszawa 2010.

Buckingham M., Clifton D.O., *Teraz odkryj swoje silne strony*, Warszawa 2003.

Butler E., Pirie M., *Jak podwyższyć swój iloraz inteligencji?*, Gdańsk 1995.

Buzan T., *Mapy myśli*, Łódź 2008.

Buzan T., *Pamięć na zawołanie*, Łódź 1999.

Buzan T., *Podręcznik szybkiego czytania*, Łódź 2003.

Buzan T., *Potęga umysłu. Jak zyskać sprawność fizyczną i umysłową: związek umysłu i ciała*, Warszawa 2003.

Buzan T., Dottino T., Israel R., *Zwykli ludzie – liderzy. Jak maksymalnie wykorzystać kreatywność pracowników*, Warszawa 2008.

Carnegie D., *I ty możesz być liderem*, Warszawa 1995.

Carnegie D., *Jak przestać się martwić i zacząć żyć*, Warszawa 2011.

Carnegie D., *Jak zdobyć przyjaciół i zjednać sobie ludzi*, Warszawa 2011.

Carnegie D., Po szczeblach słowa. Jak stać się doskonałym mówcą i rozmówcą, Warszawa 2009.

Carnegie D., Crom M., Crom J.O., *Szkoła biznesu. O pozyskiwaniu klientów na zawsze*, Warszawa 2003.

Cialdini R., *Wywieranie wpływu na ludzi*, Gdańsk 1998.

Clegg B., *Przyspieszony kurs rozwoju osobistego*, Warszawa 2002.

Cofer C.N., Appley M.H., *Motywacja: teoria i badania*, Warszawa 1972.

Cohen H., *Wszystko możesz wynegocjować. Jak osiągnąć to, co chcesz*, Warszawa 1997.

Covey S.R., *3. rozwiązanie*, Poznań 2012.

Covey S.R., *7 nawyków skutecznego działania*, Poznań 2007.

Covey S.R., *8. nawyk*, Poznań 2006.

Covey S.R., Merrill A.R., Merrill R.R., *Najpierw rzeczy najważniejsze*, Warszawa 2007.

Craig M., *50 najlepszych (i najgorszych) interesów w historii biznesu*, Warszawa 2002.

Csikszentmihalyi M., *Przepływ: psychologia optymalnego doświadczenia*, Wrocław 2005.

Davis R.C., Lindsmith B., *Ludzie renesansu: umysły, które ukształtowały erę nowożytną*, Poznań 2012.

Davis R.D., Braun E.M., *Dar dysleksji. Dlaczego niektórzy zdolni ludzie nie umieją czytać i jak mogą się nauczyć*, Poznań 2001.

Dearlove D., *Biznes w stylu Richarda Bransona. 10 tajemnic twórcy megamarki*, Gdańsk 2009.

DeVos D., *Podstawy wolności. Wartości decydujące o sukcesie jednostek i społeczeństw*, Konstancin-Jeziorna 1998.

DeVos R.M., Conn Ch.P., *Uwierz! Credo człowieka czynu, współzałożyciela Amway Corporation, hołdującego zasadom, które uczyniły Amerykę wielką*, Warszawa 1994.

Dixit A.K., Nalebuff B.J., *Myślenie strategiczne. Jak zapewnić sobie przewagę w biznesie, polityce i życiu prywatnym*, Gliwice 2009.

Dixit A.K., Nalebuff B.J., *Sztuka strategii. Teoria gier w biznesie i życiu prywatnym*, Warszawa 2009.

Dobson J., *Jak budować poczucie wartości w swoim dziecku*, Lublin 1993.

Doskonalenie strategii (seria Harvard Bussines Review), praca zbiorowa, Gliwice 2006.

Dryden G., Vos J., *Rewolucja w uczeniu*, Poznań 2000.

Dyer W.W., *Kieruj swoim życiem*, Warszawa 2012.

Dyer W.W., *Pokochaj siebie*, Warszawa 2008.

Edelman R.C., Hiltabiddle T.R., Manz Ch.C., *Syndrom miłego człowieka*, Gliwice 2010.

Eichelberger W., Forthomme P., Nail F., *Quest. Twoja droga do sukcesu. Nie ma prostych ecept na sukces, ale są recepty skuteczne*, Warszawa 2008.

Enkelmann N.B., *Biznes i motywacja*, Łódź 1997.

Eysenck H. i M., *Podpatrywanie umysłu. Dlaczego ludzie zachowują się tak, jak się zachowują?*, Gdańsk 1996.

Ferriss T., *4-godzinny tydzień pracy. Nie bądź płatnym niewolnikiem od 7.00 do 17.00*, Warszawa 2009.

Flexner J.T., *Waschington. Człowiek niezastąpiony*, Warszawa 1990.

Forward S., Frazier D., *Szantaż emocjonalny: jak obronić się przed manipulacją i wykorzystaniem*, Gdańsk 2011.

Frankl V.E., *Człowiek w poszukiwaniu sensu*, Warszawa 2009.

Fraser J.F., *Jak Ameryka pracuje*, Przemyśl 1910.

Freud Z., *Wstęp do psychoanalizy*, Warszawa 1994.

Fromm E., *Mieć czy być*, Poznań 2009.

Fromm E., *Niech się stanie człowiek. Z psychologii etyki*, Warszawa 2005.

Fromm E., *O sztuce miłości*, Poznań 2002.

Fromm E., *O sztuce słuchania. Terapeutyczne aspekty psychoanalizy*, Warszawa 2002.

Fromm E., *Serce człowieka. Jego niezwykła zdolność do dobra i zła*, Warszawa 2000.

Fromm E., *Ucieczka od wolności*, Warszawa 2001.

Fromm E., *Zerwać okowy iluzji*, Poznań 2000.

Galloway D., *Sztuka samodyscypliny*, Warszawa 1997.

Gardner H., *Inteligencje wielorakie – teoria w praktyce*, Poznań 2002.

Gawande A., *Potęga checklisty: jak opanować chaos i zyskać swobodę w działaniu*, Kraków 2012.

Gelb M.J., *Leonardo da Vinci odkodowany*, Poznań 2005.

Gelb M.J., Miller Caldicott S., *Myśleć jak Edison*, Poznań 2010.

Gelb M.J., *Myśleć jak geniusz*, Poznań 2004.

Gelb M.J., *Myśleć jak Leonardo da Vinci*, Poznań 2001.

Giblin L., *Umiejętność postępowania z innymi...*, Kraków 1993.

Girard J., Casemore R., *Pokonać drogę na szczyt*, Warszawa 1996.

Glass L., *Toksyczni ludzie*, Poznań 1998.

Godlewska M., *Jak pokonałam raka*, Białystok 2011.

Godwin M., *Kim jestem? 101 dróg do odkrycia siebie*, Warszawa 2001.

Goleman D., *Inteligencja emocjonalna*, Poznań 2002.

Gordon T., *Wychowywanie bez porażek szefów, liderów, przywódców*, Warszawa 1996.

Gorman T., *Droga do skutecznych działań. Motywacja*, Gliwice 2009.

Gorman T., *Droga do wzrostu zysków. Innowacja*, Gliwice 2009.

Greenberg H., Sweeney P., *Jak odnieść sukces i rozwinąć swój potencjał*, Warszawa 2007.

Habeler P., Steinbach K., *Celem jest szczyt*, Warszawa 2011.

Hamel G., Prahalad C.K., *Przewaga konkurencyjna jutra*, Warszawa 1999.

Hamlin S., *Jak mówić, żeby nas słuchali*, Poznań 2008.

Hill N., *Klucze do sukcesu*, Warszawa 1998.

Hill N., *Magiczna drabina do sukcesu*, Warszawa 2007.

Hill N., *Myśl!... i bogać się. Podręcznik człowieka interesu*, Warszawa 2012.

Hill N., *Początek wielkiej kariery*, Gliwice 2009.

Ingram D.B., Parks J.A., *Etyka dla żółtodziobów, czyli wszystko, co powinieneś wiedzieć o...*, Poznań 2003.

Jagiełło J., Zuziak W. [red.], *Człowiek wobec wartości*, Kraków 2006.

James W., *Pragmatyzm*, Warszawa 2009.

Jamruszkiewicz J., *Kurs szybkiego czytania*, Chorzów 2002.

Johnson S., *Tak czy nie. Jak podejmować dobre decyzje*, Konstancin-Jeziorna 1995.

Jones Ch., *Życie jest fascynujące*, Konstancin-Jeziorna 1993.

Kanter R.M., *Wiara w siebie. Jak zaczynają się i kończą dobre i złe passy*, Warszawa 2006.

Keller H., *Historia mojego życia*, Warszawa 1978.

Kirschner J., *Zwycięstwo bez walki. Strategie przeciw agresji*, Gliwice 2008.

Koch R., *Zasada 80/20. Lepsze efekty mniejszym nakładem sił i środków*, Konstancin-Jeziorna 1998.

Kopmeyer M.R., *Praktyczne metody osiągania sukcesu*, Warszawa 1994.

Ksenofont, *Cyrus Wielki. Sztuka zwyciężania*, Warszawa 2008.

Kuba A., Hausman J., *Dzieje samochodu*, Warszawa 1973.

Kumaniecki K., *Historia kultury starożytnej Grecji i Rzymu*, Warszawa 1964.

Lamont G., *Jak podnieść pewność siebie*, Łódź 2008.

Leigh A., Maynard M., *Lider doskonały*, Poznań 1999.

Littauer F., *Osobowość plus*, Warszawa 2007.

Loreau D., *Sztuka prostoty*, Warszawa 2009.

Lott L., Intner R., Mendenhall B., *Autoterapia dla każdego. Spróbuj w osiem tygodni zmienić swoje życie*, Warszawa 2006.

Maige Ch., Muller J.-L., *Walka z czasem. Atut strategiczny przedsiębiorstwa*, Warszawa 1995.

Mansfield P., *Jak być asertywnym*, Poznań 1994.

Martin R., *Niepokorny umysł. Poznaj klucz do myślenia zintegrowanego*, Gliwice 2009.

Maslow A., *Motywacja i osobowość*, Warszawa 2009.

Matusewicz Cz., *Wprowadzenie do psychologii*, Warszawa 2011.

Maxwell J.C., *21 cech skutecznego lidera*, Warszawa 2012.

Maxwell J.C., *Tworzyć liderów, czyli jak wprowadzać innych na drogę sukcesu*, Konstancin-Jeziorna 1997.

Maxwell J.C., *Wszyscy się komunikują, niewielu potrafi się porozumieć*, Warszawa 2011.

McCormack M.H., *O zarządzaniu*, Warszawa 1998.

McElroy K., *Jak inwestować w nieruchomości. Znajdź ukryte zyski, których większość inwestorów nie dostrzega*, Osielsko 2008.

McGee P., *Pewność siebie. Jak mała zmiana może zrobić wielką różnicę*, Gliwice 2011.

McGrath H., Edwards H., *Trudne osobowości. Jak radzić sobie ze szkodliwymi zachowaniami innych oraz własnymi*, Poznań 2010.

Mellody P., Miller A.W., Miller J.K., Toksyczna miłość i jak się z niej wyzwolić, Warszawa 2013.

Melody B., *Koniec współuzależnienia*, Poznań 2002.

Miller M., *Style myślenia*, Poznań 2000.

Mingotaud F., *Sprawny kierownik. Techniki osiągania sukcesów*, Warszawa 1994.

MJ DeMarco, *Fastlane milionera*, Katowice 2012.

Morgenstern J., *Jak być doskonale zorganizowanym*, Warszawa 2000.

Nay W.R., *Związek bez gniewu. Jak przerwać błędne koło kłótni, dąsów i cichych dni*, Warszawa 2011.

Nierenberg G.I., *Ekspert. Czy nim jesteś?*, Warszawa 2001.

Ogger G., *Geniusze i spekulanci, Jak rodził się kapitalizm*, Warszawa 1993.

Osho, *Księga zrozumienia. Własna droga do wolności*, Warszawa 2009.

Parkinson C.N., *Prawo pani Parkinson*, Warszawa 1970.

Peale N.V., *Entuzjazm zmienia wszystko. Jak stać się zwycięzcą*, Warszawa 1996.

Peale N.V., *Możesz, jeśli myślisz, że możesz*, Warszawa 2005.
Peale N.V., *Rozbudź w sobie twórczy potencjał*, Warszawa 1997.
Peale N.V., *Uwierz i zwyciężaj. Jak zaufać swoim myślom i poczuć pewność siebie*, Warszawa 1999.
Pietrasiński Z., *Psychologia sprawnego myślenia*, Warszawa 1959.
Pilikowski J., *Podróż w świat etyki*, Kraków 2010.
Pink D.H., *Drive*, Warszawa 2011.
Pirożyński M., *Kształcenie charakteru*, Poznań 1999.
Pismo Święte Starego i Nowego Testamentu. Biblia Tysiąclecia, Warszawa 2002.
Pismo Święte w Przekładzie Nowego Świata, 1997.
Popielski K., *Psychologia egzystencji. Wartości w życiu*, Lublin 2009.
Poznaj swoją osobowość, Bielsko-Biała 1996.
Przemieniecki J., *Psychologia jednostki. Odkoduj szyfr do swego umysłu*, Warszawa 2008.
Pszczołowski T., *Umiejętność przekonywania i dyskusji*, Gdańsk 1998.

Reiman T., *Potęga perswazyjnej komunikacji*, Gliwice 2011.

Robbins A., *Nasza moc bez granic. Skuteczna metoda osiągania życiowych sukcesów za pomocą NLP*, Konstancin-Jeziorna 2009.

Robbins A., *Obudź w sobie olbrzyma... i miej wpływ na całe swoje życie – od zaraz*, Poznań 2002.

Robbins A., *Olbrzymie kroki*, Warszawa 2001.

Robert M., *Nowe myślenie strategiczne: czyste i proste*, Warszawa 2006.

Robinson J.W., *Imperium wolności. Historia Amway Corporation*, Warszawa 1997.

Rose C., Nicholl M.J., *Ucz się szybciej, na miarę XXI wieku*, Warszawa 2003.

Rose N., *Winston Churchill. Życie pod prąd*, Warszawa 1996.

Rychter W., *Dzieje samochodu*, Warszawa 1962.

Ryżak Z., *Zarządzanie energią kluczem do sukcesu*, Warszawa 2008.

Savater F., *Etyka dla syna*, Warszawa 1996.

Schäfer B., *Droga do finansowej wolności. Pierwszy milion w ciągu siedmiu lat*, Warszawa 2011.

Schäfer B., *Zasady zwycięzców*, Warszawa 2007.

Scherman J.R., *Jak skończyć z odwlekaniem i działać skutecznie*, Warszawa 1995.

Schuller R.H., *Ciężkie czasy przemijają, bądź silny i przetrwaj je*, Warszawa 1996.

Schwalbe B., Schwalbe H., Zander E., *Rozwijanie osobowości. Jak zostać sprzedawcą doskonałym*, tom 2, Warszawa 1994.

Schwartz D.J., *Magia myślenia kategoriami sukcesu*, Konstancin-Jeziorna 1994.

Schwartz D.J., *Magia myślenia na wielką skalę. Jak zaprząc duszę i umysł do wielkich osiągnięć*, Warszawa 2008.

Scott S.K., *Notatnik milionera. Jak zwykli ludzie mogą osiągać niezwykłe sukcesy*, Warszawa 1997.

Sedlak K. [red.], *Jak poszukiwać i zjednywać najlepszych pracowników*, Kraków 1995.

Seiwert L.J., *Jak organizować czas*, Warszawa 1998.

Seligman M.E.P., *Co możesz zmienić, a czego nie możesz*, Poznań 1995.

Seligman M.E.P., *Pełnia życia*, Poznań 2011.

Seneka, *Myśli*, Kraków 1989.

Sewell C., Brown P.B., *Klient na całe życie, czyli jak przypadkowego klienta zmienić w wiernego entuzjastę naszych usług*, Warszawa 1992.

Słownik pisarzy antycznych, Warszawa 1982.

Smith A., *Umysł*, Warszawa 1989.

Spector R., *Amazon.com. Historia przedsiębiorstwa, które stworzyło nowy model biznesu*, Warszawa 2000.

Spence G., *Jak skutecznie przekonywać... wszędzie i każdego dnia*, Poznań 2001.

Sprenger R.K., *Zaufanie # 1*, Warszawa 2011.

Staff L., *Michał Anioł*, Warszawa 1990.

Stone D.C., *Podążaj za swymi marzeniami*, Konstancin-Jeziorna 1998.

Swiet J., *Kolumb*, Warszawa 1979.

Szurawski M., *Pamięć. Trening interaktywny*, Łódź 2004.

Szyszkowska M., *W poszukiwaniu sensu życia*, Warszawa 1997.

Tatarkiewicz W., *O szczęściu*, Warszawa 1979.

Tavris C., Aronson E., *Błądzą wszyscy (ale nie ja)*, Sopot–Warszawa 2008.

Tracy B., *Milionerzy z wyboru. 21 tajemnic sukcesu*, Warszawa 2002.

Tracy B., *Plan lotu. Prawdziwy sekret sukcesu*, Warszawa 2008.

Tracy B., Scheelen F.M. *Osobowość lidera*, Warszawa 2001.

Tracy B., *Sztuka zatrudniania najlepszych. 21 praktycznych i sprawdzonych technik do wykorzystania od zaraz*, Warszawa 2006.

Tracy B., *Turbostrategia. 21 skutecznych sposobów na przekształcenie firmy i szybkie zwiększenie zysków*, Warszawa 2004.

Tracy B., *Zarabiaj więcej i awansuj szybciej. 21 sposobów na przyspieszenie kariery*, Warszawa 2007.

Tracy B., *Zarządzanie czasem*, Warszawa 2008.

Tracy B., *Zjedz tę żabę. 21 metod podnoszenia wydajności w pracy i zwalczania skłonności do zwlekania*, Warszawa 2005.

Twentier J.D., *Sztuka chwalenia ludzi*, Warszawa 1998.

Urban H., *Moc pozytywnych słów*, Warszawa 2012.

Ury W., *Odchodząc od nie. Negocjowanie od konfrontacji do kooperacji*, Warszawa 2000.

Vitale J., *Klucz do sekretu. Przyciągnij do siebie wszystko, czego pragniesz*, Gliwice 2009.

Waitley D., *Być najlepszym*, Warszawa 1998.

Waitley D., *Imperium umysłu*, Konstancin–Jeziorna 1997.

Waitley D., *Podwójne zwycięstwo*, Warszawa 1996.

Waitley D., *Sukces zależy od właściwego momentu*, Warszawa 1997.

Waitley D., Tucker R.B., *Gra o sukces. Jak zwyciężać w twórczej rywalizacji*, Warszawa 1996.

Walton S., Huey J., *Sam Walton. Made in America*, Warszawa 1994.

Waterhouse J., Minors D., Waterhouse M., *Twój zegar biologiczny. Jak żyć z nim w zgodzie*, Warszawa 1993.

Wegscheider-Cruse S., *Poczucie własnej wartości. Jak pokochać siebie*, Gdańsk 2007.

Wilson P., *Idealna równowaga. Jak znaleźć czas i sposób na pełnię życia*, Warszawa 2010.

Ziglar Z., *Do zobaczenia na szczycie*, Warszawa 1995.

Ziglar Z., *Droga na szczyt*, Konstancin–Jeziorna 1995.

Ziglar Z., *Ponad szczytem*, Warszawa 1995.

INNE KSIĄŻKI WYDAWCY

Wersje audio i e-book dostępne u naszych partnerów.
Audiobook – Audioteka i Storytel
E-book – Empik i Nexto

INNE KSIĄŻKI WYDAWCY

Wersje audio i e-book dostępne u naszych partnerów.
Audiobook – Audioteka i Storytel
E-book – Empik i Nexto

INNE KSIĄŻKI WYDAWCY

Wersje audio i e-book dostępne u naszych partnerów.
Audiobook – Audioteka i Storytel
E-book – Empik i Nexto

www.ingramcontent.com/pod-product-compliance
Lightning Source LLC
LaVergne TN
LVHW040101080526
838202LV00045B/3735